近代人の宿命とキリスト教

世俗化の人間学的考察

金子晴勇

聖学院大学出版会

目次

序　論

わたしたちの間で「世俗化」という言葉がこれまでもよく使われてきたが、今日それはいっそう深刻に感じられるようになった。それはどんな意味をもっているのであろうか。本書で扱われている問題はこの言葉がヨーロッパ文化においてどのような文脈で用いられているかということであり、それによって現代社会に固有な特質の一面を的確に把握することである。またそれが今日の人間にどのように影響しており、いかなる問題を発生させているかを解明しようとする試みである。もちろん安易な解決は望めないにしても、現代の精神的な状況と人間性の危機的な状況に対する人間学的な診断を試みることは意味があろう。

しかし、この言葉は未だ明確な規定が与えられないままに、多様な意味を込めてさまざまな文脈で用いられているため、一義的な理解に到達することは困難である。そこでわたしたちはエミール・デュルケム（一八五八―一九一七年）やマックス・ヴェーバー（一八六四―一九二〇年）以来この点をとくに主題として考察してきた宗教社会学の成果を全体的にかつ詳細に検討しなければならなかった。

こうすることによってわたしたちは、この言葉によって現代社会がもっている特質および社会自身の重大な変化の実相をかなり明確に捉えることができると思われる。だが、世俗化は元来宗教的な対象である「聖なるもの」が「世俗化」することであるから、「聖なる価値」にかかわる「宗教」や「神学」と密接に結びついている。それゆえ、次に宗教的な、もしくは神学的な考察が不可欠となってくる。さらに、世俗化はヨーロッパ近代特有の歴史的な出来事であることに注目すると、現代の歴史学、思想史、自然科学、人間学などの立場からの理解も無視できなくなる。その中でも、人間学はこういったプロセスについていかなる理解を示しているのか問わざるを得なくなる。

世俗化の現象は近代のヨーロッパに、とくにプロテスタンティズムが指導的な役割を演じていた地域に生じている歴史的・文化的・精神史的・宗教的な出来事であって、近代社会の成立およびその進展と深くかかわっている。後に述べるように、近代社会は伝統社会に食い込んできており、次第にその優位と同時にその問題性を露呈し始めている。そこで宗教の力が次第に弱まってきている世俗化の現象をその社会的な枠組みから説明しなければならない。そのために近代社会によって伝統社会がどのように変化したかを、まず簡単に説明しておこう。

1　伝統社会と近代社会の区別

近代に入ると古代から中世にかけて存続してきた伝統的な社会形態である「共同社会」(Gemeinschaft）は根本的な変容を受けることになる。それは近代の市民社会が成立することによって生じた新しい事態であって、これまで続いてきた共同社会は歴史の背景に次第に後退していくことになるが、それでも伝統社会として残存し、今日まで重要な意味を担っている。というのは伝統的な共同社会が自然的、血縁・地縁的集合体であって、きわめて強力な自然の絆によって結ばれているのに対して、近代社会は人工的・利益中心的な集合体であり、一時的できわめて脆弱な地盤しかもっていないからである。実際、前者が個人にとって運命的所与であるのに対し、後者は個人の主体的で自由な選択意志をもって構成されている。このような個人の主体的意志によって構成されている近代社会は本質的に「人間によって形成された社会」という性格を備えもっている。[1] それは啓蒙時代の合理主義の思想家たちが説いたような「社会契約説」に端的に提示されているように、自然状態の混乱を合理的に取り決められた契約によって秩序ある社会状態へと導くという指導的な理念によって提起されたものであった。

古代社会から、実際にはそれ以前から、血縁・地縁的な共同社会はすでに存在しており、氏族や部族さらに民族として拡大していき、国家として組織され、小都市の規模から時に帝国にまで膨張しながら発展していった。このように共同体の規模が拡張されるに応じて国家の権力は増大していった反面、村や小都市に見られる強い拘束力がゆるんでいき、個人は相対的に自由を獲得していった。こうして中世の封建社会において個人の意識および自由の意識は次第に成長し、一四世紀の後半から一六世紀に入る頃には個人の自覚は強まるようになった。そして人々は近代人に特有な主観性に基づいて個人主義と合理主義とを徹底的に追求した結果、個人が社会に先行し、社会契約によって社会状態が造り出されると考え、人間の力によって新しい社会を形成しようと試みるにいたった。今や理性による啓蒙の時代から政治的な革命の時代に突入していき、ついにフランス革命が勃発するのである。

このような合理的な契約思想は、すでに中世の末期において説かれはじめており、そこには人民主権という理念が萌芽として芽生えていた。[2] 中世は全体としてキリスト教の影響によって個人の自由と平等の思想を育ててきたのであった。もちろん中世封建社会は全体としてみるならば貴族中心の社会であり、個人の自由は宗教的内面の領域に限定されていた。しかし、宗教改革がカトリック教会の教義と組織に対抗し、カトリック的教権の支配を根底から揺るがしたときから、個人の自由の主張はまず宗教の領域で説かれはじめたのであった。次いで都市を中心に市民が王権の援助によって経済的地盤を固めていったが、やがて自立して王権をも打倒する勢力となった。封建制度はなお存続していたが、新しい商工業の民である市民の利益を国王が政策上保護したため、国王の権力は増大した。また国王は、国民全体を考慮した商工業の政策を取ったため、国民経済が繁栄しはじめ、中世のヨーロッパ的統一から近代の国家主義への転換が生じる。その間に合理主義と個人主義とが次第に育っていき人々の間に定着し、ピューリタン革命・アメリカ独立革命およびフランス革命という大きな政治的変革によって近代社会は実現する。それゆえ近代社会は合理的な経済活動と理性による啓蒙と革命によって形成された社会であった。

こうした理性に基づく革命の嵐がヨーロッパを席巻していた時代に新しい哲学を体系化したのはヘーゲルであった。彼は大学時代にフランス革命のニュースを聞き、フランス人の手本にならい友人とともに自由の木を校庭に植え、その周りを輪舞するほどの影響を受けた。またイェーナで教鞭をとっているとき、ナポレオンの姿を目にして自由を実現する「世界精神」の歩みを看取している。さらに、新たに起こってきた歴史学の強い影響のもとに社会的な意識をもって哲学を開始している。彼によって初めて社会と歴史が哲学の中心に位置するようになり、人間存在の本質的社会性と共同性とが説かれるようになった。また近代の市民社会が、それまでの自然的・本性的な共同社会と対立して捉えられるようになり、資本主義以前の共同社会と対比して市民社会は「利益社会」(Gesellschaft) としての特徴が与えられ、市民社会が「近代社会」と呼ばれたのに対して、それ以前の社会は「伝統社会」と言われるようになった。

2　現代社会の特質

次に現代社会の特質を人間の社会行動の相違から社会学的に問題にしてみたい。そのさい宗教社会学者ピーター・バーガーの『異端の時代――現代における宗教の可能性』(The Heretical Imperative) が説いている「現代性」(modernity) の分析を参照してみたい。この「現代」(modern) というのは「近代」とも訳されるが、ここでは第一次世界大戦の終結を境にして、両者を区切ることにしたい。彼がこの書のはじめのところで見事な比喩を日常生活の中からとりだし、先に論じた伝統社会と現代社会との差異を印象深く語っているので取りあげてみよう。その比喩は第三世界をジェット機で旅行する者と祖先の伝統的な生活様式を用心深く守っている村人との比較で示される。この村人にとって現代性とは新しい世界の到来であっても、その内実は過去の伝統に拘束されており、太古以来の神話的潜在力に満ちたものである。これに反して、現代社会に生きるジェット機の旅行者にとって現代性とは選択の自由によって人間生活の領域が測り難いほどに拡大したところにあることが示される。バーガーは次のように言う。

「第三世界をジェット機で旅行する者は、現代性（modernity）を暗示するまことに格好な人物である。かれはこうした村人たちと同じ惑星上を移動しながら、しかも全く異なった世界に活動している。かれの空間は、何千マイルもの単位で計るものだが、かれら〔村人たち〕のそれは、僅かに牛車が行きつく距離にすぎない。かれの時間は、航空路のスケジュールというコントロールされた精度で表わされているのに対し、かれらの時は、自然の季節に刻まれ、生身の人体に即したものである。かれの方はあっという間のスピードで動き、かれらは、ずっと昔に伝統が定めた、ゆるやかなリズムで動く。……しかし、ジェット機の旅客は、もう一つの非常に重要な点で村の住民たちと違ったところがある。それは、ただかれが多くの特権をもち権力をもっているだけではない。かれは、はるかに多くの選択の自由をもっているのだ。かれは自分の航空券を取り換えて、マニラへ行かずにシンガポールへ飛ぶことができる。かれは自分の旅行者用小切手を、こっちのお金、あっちのお金へと換えることができる。パスポートとクレジット・カードがいろいろな門戸を開放してくれる。ところが、こうした旅行上の選択は、現代生活の当然とみなされる機構に属する巨大な選択装置のほんの一片を示すにすぎない。……前近代の社会に住む者に比べれば、歴史を通じて神話的な幻想の城を出ることのない選択の幅——職業、住む場所、結婚、子どもの数、余暇の過ごし方、物資の獲得等々の選び方の大きな幅をもっている。これらは、すべて選択の対象であり、多くの人びとが外形的な生活を構える上で非常に重要な選択なのだ。だが、他にも選択すべきものがあって、個人個人の内面的世界に深く触れている。すなわち、今一般に〈ライフ・スタイル〉と呼ばれているものの選択、道義上、イデオロギー上の選択、そして最後に少なからず宗教上の選びということがある」[3]。

このような現代化の尺度はどこにあるのかというと、それはマリオン・レヴィが、現代化の尺度を簡潔に規定して「動力の生物的資源に対する無生物的資源の割合」としているように、「割合」という程度の差として考えられている[4]。また近代化のプロセスにおける基本的要素と事実上の現代性の核心は、テクノロジーにあるという点が指摘されている。さらに明記すべきは、近代史の技術革命は実に多様で異質な諸原因の合流した結果だと理解しなければならないということである。

ここからバーガーは現代性の特質は「宿命から選択」へという大きな変化であると主張している。

つまり、それ以前に生きた人たちは大抵宿命の世界ともいうべきものの中に存在しており、現代のテクノロジーによって開拓された広い選択系列がその中にはない。したがって前近代的な伝統社会では明快な慣行によって行動が支配され、そこでは評価の対立ということはありえないのに対して、近代社会に生きる人々の意識は宿命から選択へと重心が移行し、行動の外的な規範は希薄となり、自由が拡大し、伝統社会の「宿命」が近代社会の「選択と決断」に変わったと説かれている。

ここから現代性が宗教に与えているインパクトは、一般に「世俗化のプロセス」として理解され、世俗化とは宗教が社会の諸制度と人々の意識に対する支配力を失う過程として次のように語られている。

「典型的な前近代社会であるならば、それは、宗教が個人に対して客観的確かさという資質をもつことができる諸条件を産み出すのだが、これに反して現代社会は、こうした確かさを侵害し、そのごく当然と認められた地位を剝奪することによって確かさを非客観化し、事実上、宗教を主観化する。しかもこの変化は、いうまでもなく、宿命から選択への転換と直接的に結びついている。……前近代人である典型的な条件が宗教的確かさにあるとすれば、現代人のそれは宗教的懐疑にある。……現代の世俗化に関して他にどんな原因があるとしても、多元化という過程がおのずから世俗化の効果をもたらしたことは、明らかにしておかねばならない(5)」。

この多元化によって起こってくる現象には伝統社会において不動であった宗教的な信憑性の喪失の

みならず、伝統社会から見ると異端と思われる多数の新興宗教の発生がある。たとえば、バーガーも指摘しているように、英語の「ヘレシー」(heresy) という言葉は、ギリシア語の動詞「選択する」(hairein) に由来する。したがって「異端」(hairesis) とは元来「選択をする」ことを意味し、派生的に「異なる意見」という意味が生じている。それは「他なる意見」として非正統的な意見である。新約聖書では、パウロ書簡にあるように、この言葉がすでに宗教的共同体の内部にある派閥ないし党派という意味合いをもっており、ガラテヤ人への手紙五章二〇節ではパウロは「肉の業」のなかに争い、私欲、嫉み、泥酔などの悪徳と並べて「党派心」(hairesis) を挙げている。

この異端の必然性は「宗教上の選り好み」というアメリカ特有の表現を見ても分かるように、「異なる意見」が頻出することから生じており、そこから宗教的な多元主義が起こる危機をもたらしている。こうして異端がまさしく普遍化され、宗教における認識上の不一致が生じる深刻な事態を招来している。そこでわたしたちは一体「宗教とは何であるか」とその本質を再考するように促される。

3　宗教の定義

このように現代では選択の自由から価値の多元化が起こり、そこから異端が普遍化するに及んで、わたしたちは宗教の内実とは何であろうかと問い返す必要が生じてくる。ところで宗教社会学的な宗教の定義には少なくとも二つのアプローチが可能であり、宗教は ① 究極的、超自然的な存在と関わる信仰と祭儀（宗教の行事）の組織として捉えられるか、② 社会における聖なるものとして、つまり犯すべからざる究極的な信仰対象とそれに関する行事として定義されている。[6] 宗教は本来は人間の内面的な救済の出来事として捉えられているが、デュルケム以来宗教社会学はいずれも宗教を社会という側面から把握しており、聖なるものも社会的なタブー（禁忌）として、また信仰も社会的行事として考察されている。これに対しバーガーは宗教にとっての本来的な意味を回復させながら、「宗教は（超自然をも含めて）宇宙をある神聖な秩序として認識する人間の態度である」とみなし、簡潔に「宗教は、聖なるものに対面する人間の態度と定義することもできる」と言う。このような宗教の理解は優れており、宗教現象の本質に迫るものである。その本質は聖なるものの体験であって、それは一般に神秘的な経験として捉えられているが、この聖なるものによって「聖なるコスモス」に参入することができると彼は考えている。[7]

このように宗教の本質は聖なるものの経験である。しかし、宗教社会学の観点からバーガーは、ルックマンとの共著『日常世界の構成』で論じているように、根源的な経験はその正当性を求めて組織化され、伝統の形成に向かうことを問題にしている。そして宗教の本質的な経験を把握するためには宗教経験の基礎を形成している「原体験」を宗教的伝統から切り離さなければならないと彼は説いている。つまり宗教の核心を理解するためには伝統を形成している理論的反省から、それを生み出した原体験を切り離さなければならない。この点はきわめて重要な指摘である。なぜなら、宗教的伝統の重要な部分は、理論的反省の産物であって、それは素朴な神話、伝説と民話、また格言の形をとることもあり、壮大な視野と精緻さをもつ体系的な理論の巨塔をうち立てることもあるからである。ディルタイがその解釈学で確立したように、「体験」は「表現」にもたらされ、それを「追体験」することによって「理解」に至る。最初の「体験」は後の「追体験」と区別して「原体験」と呼ばれている。この「表現」は人間の反省の営みによって遂行されるもので、人間学上の根本的な事実であるといえよう。こうして宗教的な「原体験」を「表現」にまで高めることによって社会的に「正当化」する営みがなされている。バーガーは言う、「宗教経験と宗教的反省との区別は大切である。そうでないと、二つの誤ちのどちらかが生じる。一つは、反省がもつ不可避の歪曲の結果が見過されるか、さもなければ、宗教の研究が理論あるいは〈思想〉の歴史となるか、である[8]」と。その場合、わたしたちは体験自身に即した反省と体験を理論化した世界観とを区別する必要がある。人間学にはこうした反省の理論化やロゴス化が不可欠であるが、バーガーの言う宗教的反省の営みは世界観としての反省に当たるといえよう[9]。

4 人間学的考察の意義

さて、近代社会に生きる人間は、理性的な自律に基づいて伝統的な宗教から自己を解放することによって生きる意味を発見し、この新時代の経験を思想にまで高めていった。このように経験を思想にまで高める行為は人間学の営みであるが、近代に入ってからの新しい経験が理論的な反省によって新しい人間学を生み出したのであった。この新しい近代の人間学こそヨーロッパにおける世俗化の最大の原因となったのである。つまり自律した自己理解に基づく人権理念やすべての個々人に共通な本性という人間概念が、今日の世俗化した社会においては、少なくとも西洋的なデモクラシー社会においては、かつては宗教によって担われていた位置を得ているのである。多くの思想史家の一致した見解によると、とりわけパネンベルクによると、一七世紀に発生した近代の世俗文化は、もはや全体的にキリスト教によって規定された文化世界との関連から離れており、歴史的に制約された宗教は無視され、共通な人間性に基づく文化的な生活秩序の新しい基礎づけによって成立している。(10) 近代の世俗文化は歴史的な考察によっても、もはやキリスト教の文化ではなく、人間の本性に基礎づけられた文化の秩序に基づいて形成されていることが明らかになっている。それゆえ世俗化現象の根底には近代的な経験から生まれた新しい人間学が存在していることを洞察しなければならない。またこの新しい近代的な人間学がいかなる性質のものであるかをわたしたちは批判的に吟味すべきであろう。少なくとも人間に共通な本性に基づいて形成されたこの人間学は、人類に共通な自然的な理性に立脚して超自然的なものを排斥し、旧来の制度化した実定的宗教を批判し、キリスト教の諸教派の違いや他宗教との違いなども非本質的なものとみなし、最終的には宗教一般と無神論の間の相違をも相対化するところにまで至ったのである。

これは近代的な「理性」による宗教的な「霊性」の否定以外の何ものでもないと思われる。本書において問題にする主題はヨーロッパの近代社会において宗教の地盤である「霊性」が「世俗化」されていき、遂にほとんど機能しない状態にまで達している現実である。今日宗教的な霊性はその働きが無視されており、それに代わって「理性」が次第に肥大化し、その支配を宇宙大にまで拡大し、科学技術と結びついて自らを神のように君臨させている。これが世俗化のプロセスであるが、同時にそこから人間の危機が生じている。このことが今日痛切に感じられるようになった。

それゆえ本書では、この世俗化の問題を人間学的な視点から考察する。近代の人間学が理性を偏重する特質を備えていたのに対し、今日の人間学にとって重要な点は人間を部分的にではなく、理性を含めて全体的に考察することである。そのさい、ヨーロッパの人間学的伝統を真剣に再考する必要がある。そこには人間学的な三区分「霊・魂・身体」(spiritus, anima, corpus) があって、この区分により人間の全体が考察されている。この三者は人間の心の認識作用として言い換えられると、「霊性・理性・感性」(spiritus, ratio, sensus) として考察され、この心の認識機能に関連している対象世界は「神・世界・人間」であると考えられている。また、現代の人間学は現代の生物学・医学・心理学・言語学・社会学・歴史学・政治学・経済学といった科学の成果を受容しながら新しい人間像を形成するように試みている。しかも、これらの諸科学の成果は、近代の人間学におけるように、単なる「主観性」の内にではなく、人間に本来備わっている「創造的な全主観性」の内に取り戻すことが今日の人間学の根本的課題であるといえよう。こうした主観性は他者との具体的な関係の中で創造的に作用している「精神」に求めなければならない。この種の精神はその本質において行為的であり、人格の作用によって他者に働きかける行為の遂行の中に現象しているがゆえに、人と人との間に生起している「間人格的」な特質を備えている。しかるに、これまでの思想史においては精神が身体を伴った行為から全体的に理解されず、身体から分離して理解されることが多かった。たとえばプラトンやデカルトなどの心身二元論がその代表である。彼らの影響が今日に至るまでどれほど甚大であったとしても、それは終始一貫して疑問視されなければならない。もちろん何かを考察するためにはわたしたちは全体を部分にわけて分析しなければならない。しかし、全体は部分によって単純には構成されない。なぜなら全体は部分の総和以上の内容をもっているからである。このことは人間自身においても、人間の集団である社会においても真理である。では、人間自身を、また社会を、統合しているものは何か。そして「部分の総和以上の内容」とは部分に属さないで、部分を統合する、したがって心身を統合する「精神」であると思われる。また、これまでの歴史において個別的な人間を統合する原理をギリシア人は「宇宙」に求め、キリスト教徒は「神」に求め、近代人は「自我」に求めてきた。そこに人間学の歴史と多様な類型とが展開している。近代を受け継ぐ現代に生きるわたしたちは、「自我」に対する反省から出発し、近代的主観性を徹底的に批判検討し、真に人間的な精神を回復させなければならない。

そこでわたしたちは世俗化によって生じている人間性の危機を解明し、それが宗教的な霊性の喪失から起こっていることを考察してみよう。世俗化現象は社会学的に見ると近現代社会が伝統社会にくい込み、次第に自己の勢力を拡大していくプロセスにおいて現れており、そこから聖なるものと俗なるものとがせめぎ合う状況を生みだし、人間の重大な危機を招来している。少なくとも聖と俗との対立感情が併存する精神的な境位を造り出している。このような歴史的に見てきわめて大きな出来事は現代のヨーロッパのみならず、近代化したわが国においてもその影響が及んでおり、すでに同様な大きな変化を起こしている。近代の科学技術に対する無反省な受容がいかに大きな人間性の危機をもたらしているかは、今日の情報化社会のことを考えてみれば一目瞭然である。つまり情報科学技術が人間関係のすべてに浸潤し、人間的な関係を疎遠なものとしている。これが人間の精神生活にどのように影響しているかについて人間学的な考察がなされなければならない。というのは、人間には生まれながらにして「宗教心」や「霊性」が備わっており、伝統的な諸宗教はこれを育んできたのであるが、この宗教心が間違った仕方で利用されると、危機的な問題がそこから起こってくる恐れがあるからである。たとえばアメリカや日本で活動しているカルトの集団が暴力的破壊活動に走ったり、無神論者が独善的で非人間的な生活や思想を他者に強制したりして、社会にとってきわめて危険な要因となっている。こうして社会に世俗化が浸透することにより、必然的に人間の危機が顕在化し、現代において看過できない問題となっている。それゆえ、これまで行なわれてきた宗教社会学的な世俗化についての研究と並んで人間学的な研究が要請されているといえよう。

そこで、本書においては最初に世俗化現象がもっている一般的な意味を人間学の視点から考察し（第一章）、次いで、現代の宗教社会学（第二章）と現代神学（第三章）さらにさまざまな学問分野における世俗化に関する諸学説を取りあげてから（第四章）、終わりに霊性の回復をさまざまな人間学的な観点から考察していきたい（第五章）。

注

（1）金子晴勇『人間の内なる社会』創文社、八三―一一六頁参照。
（2）金子晴勇前掲書、七五、七八―九頁参照。
（3）バーガー『異端の時代――現代における宗教の可能性』薗田稔・金井新二訳新曜社、三―五頁。
（4）Marion Levy, Modernization and Survivors, 1972, p. 3. バーガー前掲訳書、六頁参照。
（5）バーガー前掲訳書、三四―五頁。
（6）本書、第二章の「はじめに」第2節の②および第四章の③を参照。
（7）バーガー前掲訳書、五九頁。ここでバーガーは「神秘家は、自己の内部で超自然に自我の最奥部に合致する実在として出会う」また「聖なるものは絶対にかれ自身ではない何ものかでありながら、しかも同時にかれの存在のまさに中心のところでかれを肯定し、コスモスの秩序の内にかれを結合している」と説いている。

（8）バーガー前掲訳書、六九頁。

（9）この点に関して金子晴勇「宗教的基礎経験の意義について」『ルターの人間学』（五四四―七四四頁）を参照されたい。表題の「基礎経験」は「原体験」（Urerlebnis）の意味で使われている。および前掲書「序論」注（11）一一頁参照。

（10）パネンベルク『近代世界とキリスト教』深井智朗訳、聖学院大学出版会、五五―六頁参照。

第一章　現代ヨーロッパ社会における世俗化の問題

今日ヨーロッパの国々を訪れる人が、人々の内面に触れて強く感じるのはキリスト教の姿が著しく後退し、その力が衰微していることではなかろうか。もちろん一見すると歴史的建築として教会の建物は残っており、そこでの宗教行事は厳かに営まれているにしても、若者たちの姿がそこにはほとんど見当たらず、老人のみが集まっている光景を目にする。ヨーロッパの文化はそれを全体としてみるならば、キリスト教とギリシア文化との総合として生まれてきており、それらを総合してきた主体はゲルマン民族であった。この総合の試みは古代末期にはじまり、中世を通して次第に実現していったのである。近代に入っても初期の段階においては、つまり宗教改革と対抗改革の時代には、キリスト教信仰は世俗社会にいっそう深く浸透していった。この世俗に積極的にかかわる態度は、後に詳しく論じるように、実は信仰の所産なのである。しかるに、この信仰がもたらした世俗にかかわる積極的な行為であった「世俗化」はいつしか俗物根性に染まった「世俗主義」に転落し、世俗化そのものの特質を全く変質させてしまった。ここからヨーロッパ社会にみられるキリスト教に対する肯定と否定との対立感情が併存するという事態が今日生まれてきている。このことをヨーロッパの社会生活を検討することによって明らかにしてみよう。

第一節　世俗化現象とは何か

1　世俗化の意味

世俗化（Secularization）という言葉は語源的にはラテン語の「時代」（saeculum）に由来する。中世では在野の聖職者たちは「世俗に住む」と言われており、修道院に住んでいた聖職者と区別されていた。また後に宗教改革時代になってから修道院などの教会の財産を国家が民間に譲渡したとき、世俗化という言葉が用いられた。したがって、教会財の「払い下げ」や反対に教会から見るとその財産の「没収」といった意味で使われてきたといえよう(1)。元来、世俗化とは神聖なものが世俗のために用いられる現象であり、たとえば修道院の建物は以前と変わらず、僧房、食堂、礼拝堂の形を残しておりながら、美術館や学問研究所として使用されたり、時には何らかの政党の事務所として用いられるような場合をいう。それは宗教が外形的には宗教的構造を保ちながらも非宗教的な目的に用いられている現象である。またこうした世俗化のプロセスを辿って近代科学、政治革命、職業倫理なども発展してきている。

そのさいわたしたちが予め知っておかなければならないのは、世俗化がルター自身の信仰によって積極的に推進されたという歴史的な事実である。彼によると人は救済のために超世俗的功徳を積む必要はない。だから修道院に入って善行をなす必要はなく、「世俗内敬虔」によって生き、与えられた職業を神の召命つまり天職とみなし、これに励むことにより神に喜ばれるものとならなければならない。したがって世俗化は「キリスト教信仰の合法的結果」（ゴーガルテン）にほかならない。しかるに世俗化にはもう一つの局面があって、歴史の過程において「世俗化」は変質し、「世俗主義」に変化することがある。ここでいう「変質」とは歴史的な風化作用であって、同様に「自由」が「恣意」（好き勝手）に、「個人主義」が「個我主義」（エゴイズム）に、「勤勉」が点取り虫の「搾取」となるように、労働を支えていた「宗教的な精神」が内実を失って「亡霊」に変質していることをいう。このように「世俗化」は、当初、世俗の中で信仰が活動することによって生じており、そこに世俗化の肯定的意味があった。しかし、世俗化が過度に進むと、人間が信仰を喪失して俗物化してゆき、拝金主義や仕事のファナティシズム、また快楽主義がはびこって、「世俗主義」にまで変質する。このようにして世俗化はキリスト教信仰から生まれた子どもであったのに、歴史のプロセスの中で今や産みの親とは全く異質な鬼子にまで変質し、親であるキリスト教に公然と反抗するものとなってしまった。

また、啓蒙時代になると世俗化は理性的な精神の働きによっていっそう促進され、合理化の運動が社会の隅々に浸透しはじめると、宗教的要素が次第に衰退し、やがては宗教の基本的な主張にも疑念が向けられ、制度的にも宗教が後退しはじめることを意味した。この点でもフランス革命は啓蒙の理性が革命を引き起こした典型的な出来事であった。

こうして今日においては世俗化は社会が宗教的信仰・行事・象徴を退けるか無視するプロセスを意味している。そして宗教的な特質を完全に排除したとき、世俗化は完成したと言うことができる。したがって世俗化の概念は宗教的なるものがそうでないものから注意深く区別される社会においてのみ適応可能な概念であることになる。それは文字文化以前の時代や未開社会においては適用不可能であり、反対にヒンドゥー教のような伝統的な宗教が揺るぎない支配力を行使している社会でも不可能である。さらに一般的にいって、ある社会の世俗化の水準は世俗化される対象である宗教の水準と逆比例する。つまり宗教の質が高ければ高いほど、世俗化も逆比例して激しい形で生じることになる。そのさいに、宗教がどのように定義されるかが問題であるが、宗教がどのように社会で機能しているかということも重要な要素となる。この観点から宗教を捉えようとするのが宗教社会学の特質である。

しかし宗教社会学的な宗教の理解には問題がある。元来は人間の心の問題と深く関わっている宗教を人間にとっては外的な側面である社会から考察することには宗教の本質理解に関して疑問が残ってしまう。そこでヴェーバーのように「宗教的な音痴」という自覚が不可欠となってくる[2]。この自覚は彼の宗教的感性の鋭敏さを表しているのであって、限界を言っているのではないように思われる。したがってバーガーやルックマンのような人間学的な契機を宗教社会学に導入することが必要となってくる。

たとえばデュルケムは宗教を聖と俗との社会的な関係から捉えており、聖なるものを俗が触れてはならない「禁忌」(タブー)とみなす観点から把握している。また世俗化のプロセスも社会学的に二つの様式において捉えた。①オーギュスト・コントの考えに似て、世俗化は非常に早い時代に始まっており、私たちが本質的に宗教的な社会に生きていたとき、科学・医学・哲学・芸術・法律などから宗教的な公理を捨て去り始めたときに起こっている。これらの精神活動は世俗的な権威を受けとることによって宗教的・教会的抑制にもはや服さなくなっている。だから人類の歴史とは世俗化の歴史であった。だが、②このプロセスは一様ではなかった。ルネサンスと宗教改革以来、世俗化は加速され、社会生活のいっそう広い領域を覆っている。[3] 宗教をこのように社会的な観点から捉えることには多くの問題があるとはいえ、これまで宗教社会学者が世俗化を論じてきた貢献を無視するわけにはいかない。宗教の本質とは何かという問題は本書の最終章において再度検討することにしたい。

2　世俗化の三つの次元

一般的にいって世俗化の現象は、①政治的な意味で用いられる場合、②思想的で世界観的な知的意味で使用される場合、③個人的な経験のレヴェルで用いられる場合とがある。つまり三つの次元で起こっている。[4]

①　政治的な世俗化　これが見られるのは国家の憲法とか、政治の構造が宗教と何ら関係をもたない社会においてである。そこでは宗教の存在は認められるとしても、その政治に宗教の考え方は何ら用いられていないし、政治も宗教の内部の問題に干渉しない。神聖政治とか法律によって宗教が定められていたところでは、宗教と国家との密接な関係がそれ以前の時代からあった。処罰とか迫害を通して宗教は強化されてきた。他方、国家公認の宗教は国家を支持して安定性と秩序とを創出することにより保たれてきた。

政治的な世俗化は通常国家の制度の内で宗教が次第にその勢力を後退させていくプロセスを意味している。たとえば教育・医療・病院・社会事業・地方行政などの中で宗教がかつて果たしていた役割が次第に後退し、社会の周辺に移されていく。そしてやがて教会の財産が没収され、そこに他の世俗的な施設が移し入れられると、世俗化は完成する。

ヨーロッパにおいて政治的世俗化は国家が宗教とキリスト教の教派に対する認可を取り消し、自由を与えることによって進められてきた。礼拝の自由を許可した国々は歴史的に見るとカトリックよりもプロテスタントになる傾向をもっていた。

アメリカ合衆国には多数の教派があっても、特定の教派をその代表とみなすことはない。宗教的な自由を最も早く実現した指導的な国としてその憲法に神の概念を保ってはいるが、その主たる制度においては世俗的である。政治的な世俗化が起こるところではどこでも、宗教は公権力から離れ、社会的には活動の場が礼拝の場所に閉じこめられている。さらに、宗教活動はボランタリイな土台の上でグループによって行なわれるようになっている。また地方の教会は分派的になっている。

さらに政治的世俗化は宗教的プルーラリズムを引き起こしており、そこではすべての宗教が法的に同等な権利を社会的に保障されており、信奉者を自称する者たちは、マーケットでブランド品を選ぶように、今や宗教を選ぶのである。これはアメリカのように多くの宗教と教派が存在する社会においては、ポーランドなどのように一つの宗教が支配する国々と比べると、いっそう明らかである。多様な選択肢は特定の宗教の究極的な妥当性や優越性の観念を弱めている。こうして生じる相対主義によっていかなる宗教も実質は同じであると見なされる。したがって宗教は客観的な真理問題として理解されるよりも、各人の好みにしたがって受け取られている。

② 知的な世俗化　これは個人が知的に営む認識の諸命題の中に宗教的な関連が欠けていることを意味している。たとえばニーチェが「神は死んだ」と宣言する場合、人はもはや神を信じることができない知的な状態に達しており、今や神を最高価値として認めることができないという意味である。この「神の死」には哲学的な意味と知識人の信念を指している場合とがある。また宗教的な観念と言語、とくにユダヤ・キリスト教的な起源のそれを拒否することと、科学的な思想と自然界の真理の発見における成果を受容することとは表裏のことと考えられている。人格・創造者・宇宙の保持者としての神はここでは場所をもたない。したがって宗教はもはや真理を供給しないとみなされている。

科学は一般に宗教を自然現象として考察している。たとえば社会学者・心理学者・他の知識人は、個人的な経験の説明と同じく、宗教とその制度を科学的に説明しようとする。そのような説明は伝統的で宗教的な諸要求を全く無視する。こうして聖書批評学も同様に真理の主張に関して神聖視されていた聖書のテキストに挑戦した。同じく地理上の発見と進化論は宗教的な宇宙創世説と宇宙論とに疑いを懐いた。

知的な世俗化は社会の知的な指導者、たとえば科学者・哲学者・芸術家その他のエリートとみなされている人々の世界観や認識上の立場に関係している。

③　個人的な世俗化　宗教的な要求に対する関心が個人の信仰と行動において示されないときにこの現象が起こっている。一七世紀の後半から科学的な観念が次第に成長していって、それを受容する人の内にゆっくりと浸透していった。こうして伝統的な神の観念が腐食されるようになった。この時代が一般に「天才の世紀」と呼ばれているように、この世紀の人たちは、前世紀における歴史的プロテストの精神を継承して人間生活のあらゆる面にわたってすぐれた思想体系を残した。またこの世紀のヨーロッパに起こった科学革命の意義についてバターフィールドは『近代科学の誕生』のなかで次のように語っている。「科学革命は、科学における中世の権威のみならず古代のそれをもくつがえしたのである。つまり、スコラ哲学を葬り去ったばかりか、アリストテレスの自然学をも潰滅させたのである。したがって、それはキリスト教の出現以来他に例をみない目覚ましい出来事なのであって、

これにくらべれば、あのルネサンスや宗教改革も、中世キリスト教世界における挿話的な事件、内輪の交替劇にすぎなくなってしまうのである。それは物理的宇宙の図式と人間生活そのものの構成を一新するとともに、形而上学の領域においても、思考習慣の性格を一変させた」(5)と。科学革命はガリレオ・ガリレイによって典型的に押し進められたように数学的合理性と実験的な実証性とが結びついて機械論的な自然観を造りだし、これが技術と合体して生活を大きく変化させるに至った。

そこに働いていた最大の原動力は機械的な自然観であり、自然科学的には、ガリレイからニュートンによって、哲学的には、デカルト、ホッブズなどによって説かれ、近代科学の根拠となった。したがって科学革命として起こった事柄は、古代から中世にかけて支配的であったアリストテレス的世界像がコペルニクスの地動説によって崩壊し、それに代わってデカルトの機械論的世界像が支配したことを意味した。またガリレイの実験によって科学的方法が確立されて、科学と技術の提携が可能になり、それによって自然の支配が実現された。さらに近代科学に特有の分析的思考が優勢になり、個別から出発して全体に及ぶ帰納法が支持され、社会生活においても「個人主義」(individualism)が強調され、個人から社会も自然も考えられるようになった。

このようなプロセスを通して個人の信仰はますます弱まっていき、ついに信仰が表明されない段階にまで到達している。個人の信仰に基づく行動も同じ道を辿っており、単に礼拝に出席することだけが最も宗教的な行為と考えられたが、やがて宗教社会学者たちが指摘するように教会出席率がいちじるしく低下した。ここでは宗教が単に主観的な信念に基づく道徳的行為とみなされている。このような個人的な世俗化の傾向は一般的に言って、女性よりも男性のほうが、老人よりも若者のほうが、中産階級よりも労働者階級のほうが、田舎の人々よりも都会に住む人々のほうが著しい。また伝統的なカトリックの国々よりもプロテスタントの国々のほうが、アメリカ合衆国よりも西欧諸国のほうがいっそう進んでいる。

このような三つの意味において信仰の世俗化は進行していき、やがて近代人をしてキリスト教信仰そのものから自己を解放するようになり、宗教から解放された個人は外的な教会の権威を振り捨ててまで自律的となり、やがては自己の欲望を飽くことなく追求するエゴイスト的主体に他ならないことが判明する。(6) 世俗化の元凶は実にこのエゴイストとしての近代的な自我に求めることができる。この近代的な自我はヨーロッパにおける啓蒙の精神を生み、科学技術と結びつき、それによって近代産業資本主義としての近代社会を生み出すとともに、伝統的な宗教を根底から倒壊させている。この社会は同時に非合理的な呪術の支配する「伝統社会」を解体する傾向を顕著に示している。ヴェーバーは伝統社会から近代社会への移行を「呪術からの解放」として捉え、『古代ユダヤ教』において預言者にはじまるとみなした、この解放過程が『プロテスタンティズムの倫理と資本主義の精神』では一七世紀のピューリタンにおいて完成すると説いている。ただここで付言しておかなければならないのは先に指摘したような世俗化の肯定的な意味がここに示されていることである。

3 宗教的世界の消滅としての世俗化

わたしたちは先に述べたように世俗化の現象の中に肯定的意義と否定的意義とが同居しているがゆえに、それが両義的であると主張したい。世俗化の肯定的な意義は近代の初めのルターにまで遡って考察されなければならない。彼の信仰義認の教えにより人が神の前に義とされるのは功績によるのではなく、信仰のみによると説かれた結果、この世における愛のわざはもはや神に向かわず、直接隣人に向かうことになり、職業を通しての世俗内敬虔が力説され、中世以来修道院を土台にして築かれてきた「神聖なる世界」は崩壊した。しかるに、近代世界を形成してゆく世俗化の肯定的契機が進行するとともに、その内に潜在していた否定的契機が信仰自体をも否定することになった。したがって世俗化現象は、近代の歴史を創造する積極的な力であった信仰の生命が枯渇し死滅するとき、その頂点に到達し、そこでは世俗化がいわば「世俗主義」に急変するというプロセスをとっている。すなわち「肯定的」世俗化が結果として「否定的」世俗主義に転落するのである。ここに世俗化の両義性とその弁証法的意義とがある。

そこでわたしたちは次に世俗化が「否定的な世俗主義」に変質し、宗教的な経験や宗教的感覚を喪失させている点を問題にしなければならない。宗教学者エリアーデによると「宗教的経験をもつ人間にとっては、全自然が宇宙的神聖性として啓示され得る。そのとき、宇宙は全体が聖体示現となるのである」と言われている。[7] したがって、一個の石は見かけは石にすぎないとしても、聖なる石となっている。これは背理であるが、聖体示現においては超自然的な現実となっている。しかるに、このような聖なる世界は近代になると非神聖化され、俗なる世界しか経験できなくなってきている。これが宗教的な経験と感覚の喪失としての世俗化現象であるということができる。

人間は宗教的経験と世俗的経験から成る二つの世界にまたがって生活してきており、聖と俗との世界が人間の生存状況に浸透しているため、聖と俗との存在様式は人間存在に深く関わっている。こうして聖なる空間（宇宙、世界、国土、都市、神殿、寺院、天幕、家、さらに人間の身体における聖体示現）と聖なる時間（暦の祝祭、新年祭、神話、祭儀、通過儀礼、冠婚葬祭）とが宗教的な世界として現象していた。それが近代に入ってからは消滅していき、わずかに制度として残存しているに過ぎない。したがって今日、近代社会における人間は聖なるものを失った世界に生きているということが生じている。

それゆえ近代社会は、宗教的にいえば、聖なるものを失った、「世俗化」された世界である。では、世俗化とともに聖なる次元はわたしたちの間から完全に消失したのであろうか。そのさい、わたしたちはこの世俗化がどのようなプロセスによって成立しているかを社会学的に考察しなければならない。近代プロテスタンティズムがカトリシズムとの対決から、宗教を神と人との人格的な関係に制限し、とくに「聖書のみ」(sola scriptura) の原理にしたがって「神の言葉」に聖なるものを制限したため、儀式的な多様な要素が外面的で皮相的であるとみなされ、合理化されていったことが問題となろう。また宗教をもっぱら神と人との信仰による人格的な関係へと集中させたがゆえに、人間の宇宙に対する関係を問うことが後退し、神学から自然科学を分離させたことも事実である。こうして神学が宇宙や自然を問題にしなくなったという事実は、自然をその視界から見失っていた神学から自然科学を解放することを促進させたといえよう。こうして創造・堕罪・救済・完成という救済論的な視点に含まれていた人間と宇宙との本質的にして解きがたい連関が次第に視界から希薄になっていった。

自然科学の領域が宗教から切り離された結果、合理化と世俗化が極端に進行したのは事実である。しかし、その結果、宗教の生命は決して消滅したのではなく、一七世紀から一八世紀にかけて展開している神秘主義の流れを見てもわかるように、それは内面性の深みである霊性の内に生きつづけている。[8] それゆえ近代人といえども内面的で神秘な思いによって理性や感性のほかに霊性が覚醒され、この霊性の作用によって、かつての聖なる世界とそれに対する信仰とが回復される希望が残っている。

第二節　世俗文化の繁栄と宗教的象徴の衰微

1　世俗文化の繁栄

近代初頭の宗教改革の時代は宗教的な力に溢れた文化が形成されたのに、次の啓蒙時代に入ると宗教の力を排除した自律的な文化が形成されてくる根源は何処に求めることができるであろうか。たとえばドイツのことを考えてみよう。そこにおいて自律的な文化は近代初頭に起こった宗教の混乱の解決に求めることができる。ルターの宗教改革とその後の混乱を収拾したアウグスブルクの宗教和議（一五五五年）は、「支配者の宗教がその領内に行なわれる」（cuius regio, eius religio）との原則に基づいて、領主がカトリックかプロテスタントかのいずれかを選ぶことを決めた。その結果「領邦教会」（Landeskirche）が制度的に定着し、数多くの小国に分裂していたドイツでは、宗教が地域によって両教派に分かれる結果となった。しかもその決定が領主にまかされたため、個人は真の信仰に対して無関心になり、信仰心を世俗的なものに注ぐようになった。たとえば哲学、文学や音楽にほとんど宗教に対するような帰依の感情をもって関わっていった。このような信仰分裂およびルター派教会の権威主義的な信仰の強制こそ、近代ドイツ文化がキリスト教的性格を失うに至る原因であったといえよう。つまり領邦教会は新しい信仰を強力に推進しながらも、信仰の外的な強制のゆえにその意に反して信仰の生命を衰微させ、形骸化させて、人々の関心を世俗の領域に追いやることになった。それに反しカルヴァン派の宗教改革を経験した国々では改革派教会を形成し、国家公認の教会ではない自由教会を通じて信仰生活を促進させていった。しかるに、ルター派の信仰はルターの時代からすでに政治的な要因と結びついていた。教会と国家とを分けるいわゆる「二王国説」は、世俗からの隠遁性や離脱性を伴い、内面的ではあっても、政治的活動に対する無関心を強める結果となった。つまりルター派の信仰が、あらゆる公共活動よりも上位に置いた内面性や家庭生活に引き籠もる性格を培ったのである。

近代啓蒙主義が進むなかで信仰の代わりに世俗文化が繁栄した背景には、ルター派教会と国家との提携が潜んでおり、ともに宗教の空洞化を促進させたことになる。ここからイギリスやフランスといった政治的にも経済的にも進んでいた国々とは全く違ってドイツでは学問と哲学に関心が集中していったのである。内的な信仰と外的な教会制度との緊張関係が、文化的、宗教的にドイツ人を学問など世俗の領域での活動に駆りたてたのである。この領域でのみ個人は職業をもち、市民生活を持続しつつ敬虔な信者であることが可能であった。これがドイツにおけるプロテスタンティズムの世俗化の一般的傾向であった。そこから「文化」（Kultur）という言葉にこめられた特別な感情が理解できよう。この時代を代表する哲学者カントは敬虔主義の影響を受けており、「信仰に余地を与えるために」批判哲学を開始したのに、実際は道徳信仰を説くに至っている。またドイツ的な文化は哲学をして実証科学への同化を不可能ならしめ、内面的で幻想的なファンタジーに基づくロマン主義的な色彩を添えている。ドイツ観念論がその成果である。フィヒテ、シェリング、ヘーゲルはそれぞれ神学研究から出発していって、キリスト教を何らかの仕方で世俗化した哲学の世界を構築していった。ここには世俗信仰が歴史における最大の可能性を実現させており、信仰のおとろえゆく時代に、市民的な趣味や読書の文化を発展させ、私人としての教養文化を開花させるに至った。

このようにルネサンスと宗教改革の激動時代の後に一時的に沈思のときが訪れ、ドイツにおいてはこうした傾向が続いたが、フランスやイギリスまたイタリアなどでは新しい動きが起こってきた。それはすでに始まっていた大航海時代の潮流が人々を旅に連れだし、近隣諸国や海外の情報が国々に多く寄せられるようになったことである。たとえば『フランスを旅する異国の紳士』（一六九九年　ライデン）など多数の旅行記が書かれた。こうした新しい知識は古い哲学が依存していたデータを覆し、物事についての新しい考え方を生み出すようになった。イギリスのキリスト教的プラトン主義者ウィリアム・テンプルを例に取ってみると、彼は古代の文献に精通する偉大な思想家であったが、同時に旅行記によって中国やペルーやアラビアの政治と道徳を研究しはじめ、新旧の世界を支配している原理を比較している。このような情報によってすべてを単一な原理に還元するのではなく、個性的なもの、特殊なもの、還元しがたいもの、個的なものの存在が確認されるようになった。また旅行者の報告によってキリスト教の信仰とは異質な宗教が世界に広まっていることが知られ、このことが相対性の見地から信仰を見ることを促した。『シャルダン騎士のペルシャ、東洋各地旅行記』によると「ある人々は長旅によってすっかり堕落し、残っていたわずかな信仰心もなくしてしまう」[9]。こういう変化についてポール・アザールは『ヨーロッパ精神の危機』の中で言う、「パースペクティブが変わったのである。超越的と見えた概念も、もはや場所の相違からくるものにすぎなかった。道徳に基づく慣習も、ただのしきたりにすぎなくなった」、また「旅行記を読むことは日常性から逃れることだった。精神を静から動へ移すことであった」[10]と。実際、ヨーロッパを旅する人とは相違して、アメリカやアフリカまたアジアを旅する人は冒険心や利欲や信仰に動かされやすいがゆえに、どうしても情熱的に行動せざるを得なくなるといえよう。こうして伝統を破壊し、権威を転覆させようとする傾向が助長されたのである。

宗教の世俗化はこうした仕方で進み、世俗文化が宗教を衰微させながら繁栄することになる。と同時に元来は宗教の精神によって生かされ、満たされていた諸々の存在が単なる宗教的な象徴と化していき、やがてその意味が不明になってしまう。次にこの点を宗教的・神律的次元の喪失として考察してみたい。

2　宗教的象徴とその衰微

宗教の生命は言語や建築物または儀式のような行事によって表現されており、その内的な意味は象徴によって表現されている。たとえば言語は単なる音声とか記号に過ぎないが、これが意味を運んでおり、見たり聞いたりする人たちに意味を伝達している。したがって「赤は赤色ではない」と言われるように、「赤」という言語は記号であって、それ自身は赤くはないが、「赤色」という意味を伝達している。このように外的な事物によって内的な意味を伝達するのが象徴の作用である。象徴は大抵の場合特定の外的なものの中から採用され、それ自身は有限でありながらも、それによって永遠的な意味が表現されている。たとえば教会堂の頂上にある石や木で出来た十字架は、人類救済の永遠の意味を指示しているが、有限な素材で出来ているために、壊れたり焼け落ちたりする。一般的に言って文化はこのような象徴によって表現されているが、近代に入るとその内実が著しく変化し、世俗化した。いくつかの例によってそのことを明らかにしてみたい。

①「王権」一般に王権は神聖なものと考えられていた。民衆は王に対し畏怖の念をもっており、これによって社会はその秩序を維持していた。古代社会において典型的に見られるようにどの社会もまわりの世界との関係を円滑にしようと努めるとき、社会的な秩序は、特権を与えられた人物、すなわち人間たちの最高者であると同時に神々の最下位者として崇められた国王が、神話化されることによって行なわれた。したがって国王は死すべきものたちの領域と不死なるものたちの領域とをつなぐ鎖であったといえよう。バビロン神話のマルドゥクはバビロン市の守護神にして同時に太陽神であり、近代ではフランス革命以前にルイ一四世が自らを太陽王と呼んでいた。同じく昔の日本でも歴代の天皇（御門ミカド）は太陽神アマテラスの地位を継承している。さらにヨーロッパの中世社会では司教たちの統治によって神権政治が敷かれ、それによって社会の規律が守られ促進された。しかるに近代の政治史は、大部分にわたって、王権の衰退と国家権力の増大の歴史である。一六世紀のイギリス史、一七世紀のフランス史において、国王は封建勢力を抑えて権力を集中させようと企てた。そのさい王権神授説はその当時封建的諸勢力をおさえるに当たっての新たな理念であった。当時新たに興ってき

た市民階級と協力して君主は無制限の権力を自己に集中させ絶対主義を確立したが、それは権利の平等や機能的な国家組織を遺産として民主主義に残したのである。しかし、現実の王たちは暗愚であり、急進的な革命によって王権は剝奪された。イギリス革命においてクロムウェルが指導したピューリタンたちは、王権神授説を非キリスト教的であるとみなしたし、同様にフランス革命の推進者も、自由・博愛・平等という古典的キリスト教的諸概念を世俗的な意味で使用した。

王にも二種類あって古来の伝統的な神聖な王の姿を象徴している者とその反対に権力欲によって完全に堕落した者とが存在する。ここでは一例としてシェイクスピアの『マクベス』に登場してくる二類型を考えてみよう。この作品を読むと直ちに理解されることであるが、この時代の人々は奇跡を信じたり、魔女の力に頼ったりしていた。こうした人間と超自然との関連は、性格と信仰が全く相違する二人の王によって見事に物語られている。エリザベス朝時代の観客は演じられている内容を事実と思っていたが、今日から見るとそれは優れた宗教的な象徴としての意義をもっている。

主人公のマクベスは武勇に優れた猛将であったが、魔女の予言に誘惑され、彼の妻の野心に唆されて、権力欲の虜となってしまい、ダンカン王を殺害して王位を奪い取った。しかし、良心の呵責に耐えられず、恐ろしい想念の世界で荒れ狂って破滅する。しかるにこのマクベスとは正反対な類型の王の話が出てくる。それは恵み深いイングランド王のことであり、マクベスの殺害の手を逃れた二人の若者によって次のように物語られている。

マルコム　……王はお出ましか？
侍医　はい。かわいそうなひとびとが、一杯つめかけて、ご治療を待っております。いずれも医術では見はなされた病い、それが御手をふれただけで、たちまち癒えます。どういう聖なる力を天からお授かりあそばしたのか。
マルコム　お邪魔した。（侍医去る）
マクダフ　いったいどういう病気です、あの医者の話は？
マルコム　世にいう「王の病い」というやつだ、奇跡というほかはない。王が病気を治すのだ。イングランドに来て以来、この目で何度も事実を見ている。つまりは天の心を心としておられるわけだが、どうしてそんなことが出来るのか、知るよしもない。わけのわからぬ病いに悩むともがらを、それも体中はれあがり、うみただれて、医者も匙を投げた、二目と見られぬ重病人をだ、王はただその首に金貨をひとつのせてやり、心をこめて祈られる、それだけで治るのだ。話しによると、このあらたかな能力を、子々孫々にお伝えになるという。なお、この不思議な力のほかにも、王は予言の通力を天から授かっている、つまり、さまざまな神の恵みが玉座をとりまいているわけだが、それこそ、この王が徳に溢れた方である何よりの証拠であろう。(11)

イングランド王の姿は信仰深く恵みに満ち溢れている。それは実に奇跡を行なう模範的な王なのである。この王の姿は二人の若者の口を通して物語られているにすぎないが、それによって却って王たる者の宗教性が端的に示されている。

それゆえ中世の歴史においては君主、王、皇帝たちはしばしば「平和の王」というメシヤ的用語によって歓迎された。ここで明白なことは、「王」という、たとえばヤハウェやそのメシヤに用いられている用語が、すべての人間的な王を無限に超越しているあるものの一つの象徴となっていることである。だから祭政一致は昔の王にふさわしく、病人を治す王の姿は王が国の傷をも癒す使命を帯びていることを象徴している。ところがマクベスはこれとは正反対に我欲の虜となり、ダンカン王を殺害し、人を癒すどころか国を破壊し、混乱に陥れ、絶望の末に自滅していく。だからマクベスは神によって召された王ではない。単なる権力欲の権化に過ぎないのである。王の上に与えられる恵みは、神的な恵みである。したがって象徴は二つの方向に作用する。一方では政治的領域に神によって授けられた神律的尊厳を与え、神の王権を象徴する存在となる。しかし、他方では王が神を排斥する国家の一機能になるとき、王は専制君主となり、やがて追放か自滅に至るのであるが、そうでない場合でも宗教的象徴の力なき傀儡となってしまう。今日でも、なおイギリスや日本で見られるように伝統的象徴として王権が用いられる場合があっても、それはもはや真正なものとしてではなく、力をもたない単なる象徴や比喩にまで落ちている。

②「自然」　古代ギリシアにおいて典型的に表れているように、古代人は自然をコスモス（宇宙・大自然）として捉え、人間を守る神的な存在として崇めていた。また「天地の理法」が説かれて、大宇宙と小宇宙（人間世界）が同じ法則によって支配されていることを信じていた。漱石の「則天去私」の前提となっているのもこの考えであって、インドや中国でも「天地の理法」が説かれていた。また中世ではキリスト教の創造説によって自然は非神聖視されるようになったが、自然と人間とは神の被造物として同格であるか、少なくとも兄弟の関係にあって、人は自然に働きかけて意のままにこれを改造することなど思いもよらなかった。しかるに近代の人間は理性によって自然を支配し、自分を万有の支配者へと高めてくれる技術を駆使して自然を改造し、新たに文明世界を造ろうとしている。したがって産業革命以前では自然との関係は全く異なっていたといえよう。森羅万象は人がそれを操縦する技術を学ぶことのできるメカニズムとしては考えられなかった。それとは反対に森羅万象はむしろ神秘として、すなわち人が自分をそれに順応させ適合させなければならない神秘的な所与として顕われていた。したがって自然は超自然的な背景をもっており、神的な性格を保っていた。そこから自然神学のように自然を通して神が探究されていたのである。しかるに自然は現代においては徹底的に世俗化され、人間の手によって改造され、工業化が過度に進行することによって破壊されている。したがって自然には超自然との関連が失われ、世俗化が生じ、その象徴的な機能が喪失してしまった。

こうして次の詩編一九編にあるような自然理解は完全に消滅してしまった。

天は神の栄光を物語り
大空は御手の業を示す。
昼は昼に語り伝え
夜は夜に知識を送る。
話すことも、語ることもなく、
声は聞こえなくとも
その響きは全地に
その言葉は世界の果てに向かう。（二―五節）

自然はもはや神の栄光を顕わすことができなくなっており、その象徴機能を完全に喪失しているといえよう。

さらに注目すべき点は「自然」が「自然本性」を意味していることである。自然は万有にみなぎる神的な力であって、キリスト教以前においてそれは人間の魂の内にある生の形式と力を指している。しかし、キリスト教の時代にはいると、自然が人間の魂を意味するかぎり、自然という語は「自然本性」を意味するようになり、キリスト教的語彙では救済を必要としている「自然的人間」を言い表している。

この自然的な人間はバビロン神話では原始の神々であるアスプーとティアマットの支配下にあると考えられ、神的な自然力の支配下にあると信じられていた。これに対してキリスト教では、自然のままの人間が問題視されるようになり、罪を犯した自然的なアダムが第二のアダムであるキリストによってその罪が贖われると説かれて、「自然」と「超自然」が対置されるようになり、自然に対して戦いを挑むようになっている。たとえば、ペラギウスと原罪の問題で論争したアウグスティヌスの恩恵学説のことを考えてみるならば明らかになろう。人間の自然本性は原罪によって汚染されているがゆえに、生まれながらの自然的な人間は神をも人をも愛することができない。それゆえ自然本性は恩恵によって造り変えられなければならない。つまりこれまで魂を支配している諸力が克服されなければ、キリスト教の説く超自然的な愛が人間のうちで活動することができない。人間は誰であっても、生まれつきのままの自然本性では、その隣人を愛することはできない。そのためには、どうしても自然本性の救済と新生とが必要であると説かれのである。

こうして自然の中に認められた超越的な要素はキリスト教によって非神聖化され、改造されなければならないと説かれていたのである。しかし、この改造は神の手による自然の回復を含意していたのであるから、自然には神の創造のわざを指し示す象徴機能が備わっていた。しかるに近代の工業化による自然の改造は人間の手による世俗化を来したのである。自然はもはや人間にとって神秘ではなくなり、何も語りかけてこない。それは荒涼とした原野に過ぎず、自然の象徴機能が喪失している。

③「人格」　人格ということばは歴史において多くの意味を担ってきたため、今日においても常に曖昧さをともなっている。原語はラテン語のペルソナ（persona）であり、それは演劇の仮面、役割、登場人物を意味していた。キリスト教古代においては三位一体の関係を表す「位格」として用いられ、「関係」（relatio）という意味をも担っていた。それは神の隠された神性が人間に救済を与えようとする動きを示し、人間に向かう側面だけを指しており、神自身は量り難い深みを湛えている。

しかるに近代のプロテスタンティズムやヒューマニズムが、人間の個人的な意識を重視し、人間の生命的かつ神秘的な側面を無視する程度に応じて、神の量り難い神秘の存在が消滅し、神は他の人格とならぶ一人格となってしまった。ペルソナは中世から近代にかけては一般的には人間の社会的な「人望」や「尊敬」さらに「容姿」や「外形」をも言い表していた。このような意味の中で「尊敬」から「尊厳」（dignitas）がとくに発展し、ルネサンスと宗教改革の時代には近代のヒューマニズムを代表する思想のスローガンとして「人間の尊厳」が強調されるようになった。ピコ・デッラ・ミランドラの『人間の尊厳についての演説』はルネサンスの宣言を表明するものであった。これと関連して「人格の尊厳」も語られるようになった。たとえばルターはエラスムスとの論争の書においてこの概念を用いている。しかし、彼はラテン語のペルソナが社会的な人望の意味でも用いられている一般的な用法に従いながらも、ドイツ語のペルゾーンを人間の主体的存在における中核を意味するものとして使用している。[12] ここにこの概念の近代的な理解への変化と移行が見られる。さらに啓蒙時代にはいると、この概念にはカントの人格概念が流入し、人間学的にも、倫理学的にも思想において重要な位置を占めるようになった。カントにとり人間は自我の意識をもつ人格であり、とりわけ動物や事物と基本的に相違する特質として人格の「尊厳」（Würde）が力説された。この人格の尊厳は倫理学的には道徳法則の担い手として神聖な存在にまで高められ、人格こそ道徳的行為の自律的な主体であることが説かれた。それはカントの人格性の賛歌の中に端的に示されている。

「義務にふさわしき起源はなんであるか。……それは人格性、いいかえれば全自然の機制からの自由と独立とにほかならない。……人間はなるほど非神聖ではあるが、しかし彼の人格に存する人間性は彼にとって神聖でなければならない。全宇宙において人の欲しまた人の支配しうる一切のものは、単に手段として用いられうる。ただ人間および彼とともに一切の理性的存在者は、目的そのものである。すなわち彼の自由の自律の故に、神聖な道徳的法則の主体である[13]」。

このように自律（Autonomie）が自らを神聖視することによって、神によって立つ「神律」（Theonomie）を否定し、人格の超越的次元を世俗化させている。すると神はすべての人格的生を保持しまた超越する中心であることをやめ、人間に並ぶ単なる自律的人格となってしまった。実際、神が一つの人格とみなされるとき、同時に人間の人格性は自己の霊的な次元を喪失し、その自律性もやがて崩壊するように追いやられることになる。このように世俗化はカントの思想の中にその軌跡を深く刻みつけている。

他方、心理学では人格とは持続的な自我の意識をもつ個体を意味し、時間的な変化を通しての意識の統一性として捉えている。また社会心理学では人格はパーソナリティ、つまり個人が社会的な習慣を身につけることによって獲得される行動様式や習性および習性の相互関係の特質の意味で用いられている。

マックス・シェーラーはカントの思想を批判し、心理学における意識の統一性をも導入しながら、人格を間主観性の立場から「間-人格性」（interpersonality）として捉え直し、人格の個体的特質と同時に共同体との密接な関連を解明している。しかし、彼によると人格というものは社会的役割に還元されない独自の中心をもっている。それは「秘奥人格」の概念によって解明されている。この人格は「この自己の全体を越えて独特の自己存在（同じく自己価値、自己無価値）が突き出ているのを感知し、この自己存在において各人は自己が孤独であることを知る。可能的な自己体験のこのような本質形式において各人の所与性に到達するもの、私はこれを〈秘奥人格〉と名づける(14)」と語られている。この秘奥人格のゆえに社会的な共同生活のなかにあって人は孤独であることができる。それは「私は孤独であっても、孤立していない」との至言にあるとおりである。孤独を排除しないのは神との共同関係であり、神の内でのみ秘奥人格は自己が裁かれたり、庇護されたりしていることを知っている。しかしこれを秘奥人格がなしうるのは教会との連帯性を間接に自覚しているからである。したがって人格が秘奥なる自己を最高度に体験するのは、宗教的共同体つまり教会に入ることによってである。それはこの共同体において国民と国家におけるよりも、絶対的に秘奥なる人格である神に「より近い」体験の層が開かれており、神との交わりが可能となっているからである。

人格概念は世俗化によって自己の超越的な次元を喪失し、「秘奥人格」である人間の霊性が今日全く無視されており、そのため象徴性を完全に剝奪されていることが明らかとなっている。

第三節　理性の技術化

近代ヨーロッパの啓蒙主義は伝統的なキリスト教を批判するさいにその基本的な主張において人間に生まれながら備わっている霊性（信仰・宗教心）をも排斥し、これを拒否したのであった。もちろんレッシング、ライプニッツ、ロック、メーヌ・ド・ビランなどのような偉大な例外は認めねばならないにしても、一般的には理性に対する信頼もしくは理性信仰によって合理主義が徹底していったのであった。実際、このことは近代人の自律があくまでも理性に立っているがゆえに実現したのであったが、霊性の否定と反比例して理性の肥大化を招来せざるを得なかった。

こうした近代人の特質はデカルトからカントに至るまで力説されている。デカルトは「良識はこの世のものでもっとも公平に配分されている」と語り、この万人に平等な人間理性の営みのなかに人権宣言を唱えているといえよう。またカントは啓蒙を人間が勇気をもって理性を使用する決意に求めている。しかるにイギリス経験論の哲学者ヒュームは「理性は情念の奴隷であるばかりか、そのようにならなければならない。理性は情念に仕え、服従する以外の他の課題を求めることはできない」と反撃している。彼によれば理性は経験的データを論理的に整理し得るだけであって、決して創造的な働きをするものではなく、現実を超えている道徳的な「当為」（なすべきこと）や「善」を理解できない。ヒュームのかかる懐疑をカントは克服し得たのであろうか。このような理性の無力は理性によって立てられた「進歩」がいかに実現不可能であったかを自覚することによって一般に行き渡っており、なかでも理性の自律性はすでにマルクス主義やフロイトの精神分析によって論難されている。この両者は自我や理性よりも深層にある衝動や物質といった下部構造にそれぞれ立って、上部構造としての理性や思想の自律性を否定しているからである。

1　技術化された理性

現代において理性は一般に科学とシャム双生児のように結びついて、技術的なものとして理解されている。それはカント的にいうと「悟性」（Verstand）としての理性の働きであって、ただ科学的にすべてを合理的に説明していく計算的な理性が支配するようになっている。彼の主著『純粋理性批判』によると、人間の心は次のような三部分に分けて批判的に検討されている。

	作用	対象界	認識の形式	認識の種類	先験的
心の認識能力	感性	感覚的世界	空間と時間	事物の印象＝表象知	感性論
	悟性	科学的世界	十二の範疇	学問的認識＝科学知	分析論
	理性	思想的世界	三つの理念	体系的知識＝観念知	弁証論

ここに「先験的」とある部分は経験に先立つ認識構造を示している。この表の中で最も重要なのは悟性の作用であって、それによって獲られる科学知は世界に対し距離をおいて観察し、冷静に対象を分析し、理性的な認識を構成し、さらにこの認識に基づいて世界を構築し、改造するのである。これまでの近代社会においては科学的な精神によって悟性知が尊ばれてきた。悟性的な人間とは頭脳明断な行動的な人、利潤を追求するにあたって目的合理的に活動する人間像を意味している。この科学知や悟性知は多くの場合自然科学と技術から成り立っている。そこでは理性は技術的な道具として考えられているがゆえに、理性の自律性を批判したマルクスでさえも、ヘーゲルの「精神」に代えて「物質」を土台に据えたとはいえ、所与の現実の一切を理性によって解明し、かつ意のままに処理しながら唯物論的な観点から世界を構築しうるという信念において彼以前の合理主義とくらべ変化していない。

このようにして理性は技術的な有能性もしくは能力として考えられているため、人間の評価の基準はもっぱらかかる技術的処理能力としての理性に局限されることになる。そこから人間の手段であるべき能力そのものが目的になって、手段と目的との転倒が起こってしまう。そうすると理性によって人間はかえって自己疎外に陥り、その結果、理性もその信頼を失うことになる。

2　道具的理性と理性の深み

しかし、今日科学の意味はその技術的応用を凌駕してしまっている。それは現代の本質と運命とを表明している。というのは科学への信頼が現代人の意識を支配し、いわば科学主義として一種の擬似的な宗教の役割を演じているからである。擬似的であるというのは科学の意味が一義的に明瞭ではなく、肯定的意味と否定的意味とをあわせもっており、両義的で曖昧だからである。したがって近代を支配するに至った理性は科学と技術とに結びついて、著しく技術的理性という特質を帯びている。

それに対し、世界と他の実在者とに内的に結びついた理性は、目に見える世界を超えた存在に関与している理性として形而上学的性格をもっている。この点はプラトンにおいてきわめて明瞭に説かれている。彼によると感覚作用が現実的対象に触発されて生じるように、理性も理念的対象たるイデアにしたがって働くのである。理性はかかる超現実的理念に導かれて活動し、世界の究極の原理を求めてやまない。彼は『国家』第七巻で認識能力を次のように四種類に分類している。

1.ノエシス（知識）	直接知	知性	実在するもの
2.ディアノイア（悟性）	間接知		
3.ピスティス（確信）	直接知覚	思惑	生成するもの
4.エイカシア（映像知）	間接知覚		

カントは超現実的な世界と感覚的な世界とに世界を二分する形而上学によって理性が誤りやすい点を批判したのであって、超現実的な存在に関与する理性の存在とその形而上学的欲求もしくは素質を認めていたのである。とくにカントは実践理性のうちに道徳法則にしたがって歩む人間の尊厳を認めたのであって、たとえ個々の人間は現実において誤りやすいものであっても、普遍的道徳法則の担い手となり得るかぎりで、信頼に値すると考えたのである。このような特性をもっている理性は、技術的な理性と異なっている。それは目に見える具体的データを処理し、計算し、うまく立ち回って生きてゆく目的合理的な技術的意義からまったく離れて、目に見える経験的世界のみならず、それよりもはるかに射程の長い、世界の究極の存在と結びつくような、形而上学的探求を行なう理性であるということができよう。

しかるに現代では分析・比較・総合といった悟性的能力を開発してゆくことが、教育の主たる目的となっている。もし「よみ・かき・そろばん」といった単なる技術的能力だけを開発してゆくことが目ざされるようになると、人間性の深みもしくは尊厳を無視した教育になりがちであって、そのため無能力者は人間として認められず、役に立たない人間を無視したり、働けなくなった老人には生きる意味がないから安楽死を肯定するといったような非人道主義的見方を生みだす危険をともなっている。

さて、理性は単なる悟性につきるものではなくて、かつては空間的にも時間的にも無限にのび広がった射程をとり、世界の中における人間の地位を正しく確立し、人間らしい生活を導く力であった。しかるにいわば道具として利用される理性は単なる言い逃れの道具ともなり、ルターによって「娼婦としての理性」と呼ばれた姿に転落し、世俗主義化している。ルターがこのように悪用される理性を非難するのは、その反面において、理性の本来的な尊貴な価値を認めていたからである。彼はいう、「理性はすべてのもののうちもっとも重要なもの、また頭《かしら》であって、現世の他の事物に対比すると最善にして神的なものであるということは確かに真理である」と。この神的性格はアダムの堕罪以後も変わらない。しかし、理性が世界の創造者なる神と結びついているからこそ、そのように言えるのであって、神との関係を断ち切るならば、その認識は「断片的で一時的であり、ひどく物質的である」と彼は主張している。神は形而上学的対象である。この形而上学的な関連のなかに立つ理性は神的なものであるが、そこから離れると物質的なものとなり、かつ自己中心主義たる罪に奉仕するとき、娼婦ともなるのだと彼は言う(15)。

ここにも近代の精神史の重大な出来事である世俗化の歩みが刻まれていることが知られる。このことは理性が霊性との関連を回復し、霊性による導きと統制によって本来の姿を、つまりティリッヒのいう「理性の深み」(the depth of reason) を取り戻しうることを示唆している。(16)

第四節　大衆化現象

次にわたしたちは世俗主義化した人間の状況を大衆化現象として考えてみたい。それは大衆概念には民主主義の担い手という優れた意味と並んでその世俗化して頽落した意味が存在するからである。この世俗化した大衆の特質は「群衆」に現われており、その意味するところは「平均人」もしくは「俗人」に他ならないからである。世俗化が過度に進むと世俗主義化が生じ、俗物化して真の自己を喪失するように、「実存を欠いた現存在」(ヤスパース) ともいわれる群衆はときに暴徒ともなる。この暴徒としての大衆は「無形の大衆」ともいわれるように、独裁者の命令によってのみ行動するような完全な自己喪失に陥った人間の姿である。ここに大衆概念の世俗化がある。この世俗的な大衆の特質は、実に不可解なことに、他者との人格的な関係を無視して自己主張するところに示されている。ここに近代の主体性が自己主張欲のかたまりにまで変質したなれの果てを見ることができる。この点をまずモノローグの形態から明らかにしてみよう。

1　モノローグ人間としての大衆

モノローグとは「独白」のことで、それは自己の内に深まる場合と、他人を無視する場合に起こる現象である。ところが近代のヨーロッパに起こったモノローグ現象の特徴はこの内面化と他者の無視との両者の場合が連続して起こっている点に求められる。近代の哲学には共通な傾向として主観主義的な特質がある。それはデカルトからカントを経てドイツ観念論、とくにヘーゲルへと進展する近代哲学の歴史的発展を考えてみれば、おのずと明らかになる。デカルトにおいて「主観」として立てられた自我はカントでは認識主観として厳密な学問的論理性を獲得し、ヘーゲルの弁証法によって歴史の世界にまで発展する。ここで近代主観性の哲学はその頂点に達し、自己の究極の姿を提示したのである。これらの哲学者に共通な態度は、主観（観る私）を論じることなくして客観（観られたもの）は考えられないということであり、そこに一貫した「観る私」から始めるという主観主義的でモノローグ（一方通行）的傾向が認められる。他者や実在との絶えざる対話的な交流の中に人間の本来の姿があるのに、大衆の魂の基本構造には後に詳しく述べるようなモノローグ的な人間の極限の姿が認められる。

こうした近代的人間の自我の立場を徹底的に主張し、近代の自我中心主義（エゴイズム）の最終的帰結へと迫っていったのがシュティルナーであり、シュティルナーをもう一度つき抜けてふたたび神に帰りゆくのがキルケゴールであった。したがって近代の主観主義的な自我の究極の姿はシュティルナーの「唯一者」とキルケゴールの「単独者」の概念のなかに見ることができる。両者はともに近代的自我の極限の姿を示しているが、前者はエゴイストでニヒリストを、後者は孤高な信仰者を示す点で対立している。

①　シュティルナーの「唯一者」　その姿は『唯一者とその所有』で示されている。それはかつて辻潤が『自我経』として訳出したように他者関係を断ち切った孤絶に徹した独我論的帰結を導き出している。「少年が非精神的な、つまり無思想、非理念的関心をもち、青年がただ精神的な関心をいだくのに対して、成年は生身の個人的・エゴイスト的関心をもつ」と彼はいう。彼は近代的な精神の仮面を「エゴイスト」「独在的自我」、すなわち「唯一者」の観点から剥奪し、神をその王座から追放して、自からを「世界の所有者・創造者」とみなし、万事を自己享受のために利用するエゴイズムを主張する。真理の尺度は人間ではなく、この「私」にあると現代のプロタゴラスは叫ぶ。この「私」が真理であるとすると、世界は私のための利用価値の対象にまで低下する。この唯一者には当然のことながら他者は不在である。彼はモノローグ人間である。

②　キルケゴールの単独者　シュティルナーが思考するだけの主観的精神と抽象的人間一般を排して、唯一者としての「私」とその世界所有を説いたのと似て、キルケゴールは単独者が大衆の不真実——、彼の場合には公衆の不真実——と対決しながら、真実の人間となる実存的真理を説いている。この単独者は永遠者なる神の前に立ってのみ、真の実存に至ると彼はいう。単独者は永遠的なもの、

最高の目標のためにひとりになったのであって、唯一者のように地上的、現世的なものを一人占めし享楽するためではない。この両者は「ひとりの私」という点で接しているとしても、単独者のほうはその精神のもっとも深いところで、近代的自我、つまり主観主義的な自我をのり越えている。それは「他者」の発見である。この「他者」はキルケゴールにおいては永遠の「絶対他者」なる神であって、目の前に現存している者はこの他者に至る妨げになっている「他人」にすぎない。それゆえ彼は婚約者レギーネとの関係を断ち、単独者として神の前に生きる決断をしたのであった。

またキルケゴールは『現代の批判』のなかで現代の大衆化現象を個性を平均化する「水平化」の作用としてとらえている。この地均《じなら》しである水平化現象は同時に世俗化現象でもある。彼はこれに対決する実存の単独者の立場を説いているが、大衆化は彼において肯定的意味をもっている。実存は大衆のなかで目立たないものとして獲得される。けだし神の前における実存はすべての人に平等である普遍性をもっており、普遍的な目立たない実存に至ることこそ自分の責任であると考えるからである。ここに単独者はひるがえって大衆に奉仕する者となって立ち現われている。

これに反しシュティルナーの説く「唯一者」はすべての権力を自己一身に集め大衆を制圧する独裁者となって現われてくる。ここに唯一者のモノローグは大衆を操作し扇動することによって破壊的言動へと駆りたてるため、宣伝によって言論を統制し、言葉の均質化と硬直化を促進させる。かくて、言葉のモノローグ化は究極においてその画一化に急変するといえよう。

2　暴徒としての大衆

民主主義を支える優れた存在である大衆はいつしか群衆として暴徒となることがある。ここに大衆概念は世俗化されて、ファシズム社会の構成要素となる。そこでは大衆社会が社会の方向を決定するとはいえ、この大衆を指導し、扇動する者が登場している。これがカリスマ的指導者、時に独裁者であって、彼らエリートの操作と扇動によって大衆運動が社会の方向を決定するような社会が生まれてくる。エリートによる正常の指導がない場合には大衆はいわゆる「暴徒」となる。

オルテガ・イ・ガセットの名著『大衆の反逆』はこの「暴徒」としての大衆を論じた著作であるが、この暴徒が独裁者と結びつくとき、大衆が本来担うべき民主主義が破壊され、ファシズム社会となる。これは現代のヨーロッパを不幸のどん底に陥れたもので、今日もっとも重要な問題の一つに数えられている。

大衆の登場を警告する声はフランス革命の当時からも聞こえていた。しかし、産業革命の機械化の時代がもたらした影響から、その声はますます大きくなり、「マス化された人間」が社会の諸階層に侵入し、社会組織を脅かすものであると憂えられていた。オルテガによると社会は少数者と大衆との動的統一体であるが、少数者が特別の資質をもつ集団であるのに、大衆はこの資質に欠ける人々の総体である。だから大衆とは「労働大衆」を主に指すのではなく、「平均人」であり「世俗人」であって、非凡なもの、傑出し、個性的で選ばれた者、つまりエリートを席巻し、自分と同じでないものを締めだしている。キルケゴールはこの大衆の特徴を『現代の批判』のなかで「公衆はなにかある巨大なもの、すべての人々であってなんぴとでもない抽象的な、住む人もない、荒涼として空虚な原野なのだ[17]」と述べている。

オルテガはこの大衆の魂の基本的構造へ目をむけ、そこに「慢心しきったお坊ちゃん」という特性を指摘する。この自己の内に閉じ籠もっていて、すべてに不従順なひとりよがりな生き方は、「人の言葉に耳を貸さない」態度に示される。いな大衆は耳を傾けても他者の声が聞こえない。それは「ファシズムという表皮のもとにヨーロッパに初めて理由を示して相手を説得することも、自分の主張を正当化することも望まず、ただ自分の意見を断乎として強制しようとする人間のタイプが現われた[18]」ともいわれている。かかる人間の特徴は他者との対話を拒否し、勝手な「直接行動」に走ることに見られる。

「最良の共存形式は対話であり、対話を通してわれわれの思想の正当性を吟味することであると信ずることに他ならないのである。しかし大衆人がもし討論というものを認めたとすれば、彼は必然的に自己喪失におちいるであろう。……かくて〈討論の息の根を止めよ〉というのがヨーロッパの〈新〉事態となってきたのである。これはとりもなおさず、文化的共存、つまり規範のもとの共存の拒否であり、野蛮的共棲への逆行に他ならない。彼はいっさいの正常な手続きを通して、自分の望むところをそのまま強行しようとする。すでに前に考察したように、大衆をしていっさいの社会的な生に介入するようにせしめるのは、彼らの魂の自己閉塞性であったが、それはまた大衆を、介入のための唯一の方法、つまり、直接行動へと容赦なくかりたててゆくのである[19]」。

この大衆の「魂の自己閉塞性」こそ霊性を欠いた人間の姿であり、ヤスパースはこれを「実存を欠いた現存在」と言っているが、これこそ世俗主義化した人間に他ならない。またハイデガーは「俗人」の特徴を「おしゃべり・好奇心・曖昧さ」において捉えており、さらに俗人が良心を欠き、自己喪失とニヒリズムに陥っている点を指摘している。ここにも世俗化した現代人の特質が的確に描かれている。

第五節　ニヒリズム

現代はニヒリズムの世紀と呼ばれるように、世俗化の最終段階に到達している。近代以降のヨーロッパ思想の流れは聖なるものが俗化する世俗主義化の一途を辿ったといえよう。現代に至ると世俗化はいっそう深刻になり、宗教的地盤を離れ、形骸化し、宇宙論的、社会的、人格的な諸次元における崩壊現象により聖なるものと聖価値とが完全に喪失するに至り、それに代わって、唯物論、暴徒としての大衆、物質文明が現代社会を支配するようになった。世俗主義のいきつくところは無神論とニヒリズムに他ならない。

1　実存概念の世俗化

世俗化した大衆の脅威をキルケゴールは個性をなくす「水平化」現象として捉えていた。したがって彼は大衆に対立するものとして実存を「神の前に立つ自己」として主張したのであった。その代表的著作『死にいたる病』の本論の初めのところで、「自己」つまり「実存」を「関係としての自己」として彼は捉え、次のごとく述べている。

「人間は精神である。しかし、精神とは何であるか。精神とは自己である。しかし、自己とは何であるか。自己とは、ひとつの関係、その関係それ自身に関係する関係である。……人間は無限性と有限性との、時間的なものと永遠なものとの、自由と必然との総合、要するにひとつの総合である[20]」。

ここに見られる「自己」の規定には自己が「無限性と有限性」「時間的なものと永遠なもの」「自由と必然」とに関わっている点と、この関係が関係する行為として態度決定であることが主張されている。自己は動的な関係態度である決断として「関係する」存在である。このような自己内関係においてて自己とは自己自身に対する一定の態度決定をするものである。それは対象に対して距離をおいて冷静に知的に観察する主観としてのデカルト的自我、つまり「思惟するもの」ではない。自己は「もの」としての実体ではない。そうではなく「関係する」行為者、つまり主体性として把握されている。

キルケゴールの人間学的前提からすると、人間は身体と魂の総合としての精神である。この「精神」こそ「自己」として語られているものであるが、精神が自己の内なる関係においてへ均衡におちこむと、絶望の状態が生じてくる。精神は身体と魂との二者に対し、それらを総合する第三者ではあるが、このような関係に精神を置いた永遠者、つまり神との関係において、絶望を克服することが可能になる。この神的可能性が「信仰」にほかならない。したがって、「関係としての自己」には「自己内関係」と「神との超越的関係」との二面があり、自己が決断によって本来的な自己となることは永遠者なる神との関係の中で遂行される。この宗教的実存において絶望が根絶された場合の自己の状態は、「自己自身に関係し、自己自身であろうと欲することにおいて、自己は自己を措定した力のうちに透明に根拠をおいている」[21]と定義され、これはまた「信仰の定義」でもあると説かれている。

しかるに、キルケゴール以後の実存哲学はまたもこの信仰から離れて単なる自律へ向かうことになる。このことは「実存」の概念がその後どのように定義されているかを見ると判明する。たとえば、ヤスパースは『実存哲学』のなかで、このキルケゴールの実存規定に忠実に従いながら実存を次のように定式化しようとしている。「実存は自己自身に関係し、そのことにおいて超越に関係する自己存在である。この超越により自己存在は自らが贈られたものであることを知り、超越の上に自らの根拠をおくのである」[22]。ヤスパースの超越者の体系には有神論的性格が認められるが、これは次のハイデガーへの移行の過渡的段階である。いずれにせよキルケゴールの関係の二重性は形式的に残っている。

ハイデガーは『存在と時間』で実存についてこう述べている。「現存在がそれへとこれこれしかじかの態度をとることができ、またつねになんらかの仕方で態度をとっている存在自身を、われわれは実存と名づける。……現存在は、おのれ自身を、つねにおのれの実存から、つまり、おのれ自身であるか、あるいはおのれ自身でないかという、おのれ自身の可能性から、了解している[23]」。

ハイデガーは自己存在との関係のなかで実存を捉えるため、超越は自己への超越となっている。この思想はサルトルの無神論において極端なまでに明確化されている。「私の代表する無神論的実存主義はいっそう論旨が一貫している。たとえ神が存在しなくても、実存が本質に先立つところの存在、何らかの概念によって定義されうる以前に実存している存在がすくなくも一つある。その存在はすなわち人間、ハイデガーのいう人間的現実であると、無神論的実存主義は宣言するのである。……人間はみずから造るところのもの以外の何者でもない[24]」。

キルケゴールに典型的に示されているように、人間は世界から逃れ、孤独のままで交わりをもちうる神のうちに自己を確立することを求めてきた。しかし、最後に人間は神に向かうことができない状態に達した。そこに世俗化の極地が見られ、ニーチェのニヒリズムの宣言である「神は死んだ」という言葉の根底にあるものはこのような状態である。そこにおいて人間は自分自身のみに関わる以外にはないのであって、自ら自己の創造者なる神の位置にまで至っている。自律が自己神化を生みだしている。これが理性的自律からの現代的帰結、つまり自己絶対視であり、神が占めるべき場所を人間が「没収」することによって世俗化させており、最高価値の喪失としてのニヒリズムと「神の死」を招来させている。

2　ヨーロッパのニヒリズムと宗教

古代において無神論はソクラテスの場合に典型的に示されているように、国家公認の宗教に服従しない言動に向けられた非難であった。だから皇帝礼拝を拒んだキリスト教徒も無神論者であった。しかし現代の無神論は本質的に能動的であり、ニーチェが「神は死んだ」というとき、背後にあるのは「超人」の思想であり、サルトルが無神論的実存主義を主張するとき、「人間はみずから造るところのもの以外の何者でもない」という自己創造者の姿がそこにある。無神論は自己神化にまで高まった近代主体性の物神化以外の何であろうか。キルケゴールが求めた実存は「神の前に立つ個人」であったが、近代人の自我が肥大化した結果、神から来る光が遮蔽され、世俗主義化した人間はもはや神に向かい得ない状態に達した。つまり人間は自己自身にのみ関わらざるを得なくなり、自己の創造者なる神のようになっている。こうして従来の最高価値の否定というニヒリズムに陥らざるを得ないのである。実際、レーヴィットが『ヨーロッパのニヒリズム』で明瞭に分析しているように、ヨーロッパの無神論とニヒリズムは最高価値に対する能動的な否定であるが、日本におけるそれは消極的で情緒的な虚無主義にすぎない。

ヨーロッパ文化においては最高価値は神であり、聖価値である。ヨーロッパの思想文化において価値は一般的に言って精神価値・生命価値・快適価値・実用価値に区分されている。この区分の最高価値は精神価値であって、それは真・善・美という価値として説かれている。しかし、この精神価値の中に入りながらもそれを超える価値が聖価値である。

ヴィンデルバントによると、聖は、真・善・美という価値に向かう精神の働きの中にあって、それらを超えながらそれらに作用して充たす価値である。理性は、真・善・美のほかに、それとは別の聖を受容する能力をもっていない。しかし、認識の領域でも理想と現実、当為と存在といった矛盾に出会い、それが自己の責任によって生じていることは自覚される。こうした意識の事実はやましい良心の現象として認められる。この良心の苦悩を癒す力こそ聖なるものであり、ここに宗教の意味があるといえよう。

3　霊性と代用宗教

したがって今日のヨーロッパ社会のような無神論的な世俗文化が支配的である状況においては、宗教は全く無力となり、文化の実体であるのを止めているように思われる。そこから必然的に生じている無神論はこれまで最高価値として認められていた神を否定し、「神の死」を宣言し、「ニヒリズム」

を主張している。しかし、それにもかかわらず社会においては依然として宗教生活は保たれ、持続している。というのは人間の内奥には絶対者と関わりをもつ「霊性」（spiritus）とか「魂の根底」（Seelengrund）が厳に存在しており、教会の説教を通して神の言葉がそこに向けて語りかけられており、永遠者の意識は「良心」（conscientia）で鋭く感じられているから。事実、この内心の場が空のままであることは心理的にいって不可能であり、神によって充たされることを拒否するならば、神以外の何らかの相対的なものによって埋められている。ヨーロッパではたとえば科学主義・共産主義・ナチズム・民族主義などが代用宗教や疑似宗教として侵入し、多くの問題を醸成してきた。それは宗教的生命の形骸化や空洞化を引き起こし、人々は大挙して無神論・エゴイズム・ニヒリズム・快楽主義・刹那主義・俗物根性・拝金主義・権力主義などに突入していった。だが、これらは単なる代用宗教に過ぎず、真なる信仰と対立しながら併存しているに過ぎないといえよう。

終わりにドストエフスキイがこの無神論の問題に対し提出している答えを考えてみよう。『悪霊』の主人公スタヴローギンはニヒリストであり、毎日悪霊に悩まされていることをチホン僧正に打ち明け、神を信じなくとも悪霊だけを信じうるか否かと質問する。

「おお、できますとも、どこでもそんなものです」。チホンは目をあげて、にこりとした。「あなたはそういう信仰でも、完全な無信仰よりはまだしもと認めてくださるでしょうね」。スタヴローギンはからからと笑った。「それどころか、完全な無神論でさえ、世俗的な無関心よりはましです」。一見、屈託もなげなさっぱりした調子でチホンは答えた。「ほほう、そうですか」。「完全な無神論者は、〔なんと申しても、やはりなお〕、完全な信仰に至る最後の階段に立っておりますからな（その最後の一段を踏みこえるか否かは別として）。ところが無関心な人は、愚かな恐怖心以外には何ももっておらない、いや、それとても、感じやすい人が、時たま感じる程度で」（江川卓訳）。

完全な無神論者はどうして完全な信仰に至る方向にあるのか。無神論を徹底するなら、無神論にどこまでもとどまる頑迷さに至るのではなかろうか。だが、神々や偶像の徹底的破壊としてそれを理解するなら、これにより真の神への道が開けてくるであろう。そしてニヒリズムが単なる神や神々の否定にとどまらず、無神論を生みだしている近代的自我そのものの否定へと向かい、その自我を突き抜けて徹底されるならば、ルターが説いた「人間の自由意志は無（ニヒル）である」という立場から一転して「信仰のみ」の立場に転換できる。このように見るとニヒリズムは新しい生への豊かな土壌でもあることになる。

第六節　世俗化の実態調査

こうした世俗化によって起こった宗教の変化は宗教社会学者の調査によって知ることができる。この変化の実態はその証拠を世論調査やアンケート調査によって得ることができる。イギリスにおけるこうした調査をウイルソンは次のように報告している。

「われわれが考える限り、宗教事情の劇的な変容が最近の比較的短い期間にも起こっているようである。そしてこれらの変化は、以前私が提起した、かなりの妥当性をもつと考えられる考察とよく一致する。一九七〇年のある世論調査によると、イギリス人の八八％が神の存在を信じると告白し、四五％が神を人格的存在と考えていた。しかし、最も最近の調査では、わずか六四％が神の存在を信ずると告白し、二九％が神は人格であると答えたにすぎない。さらに三五％の人々は神はある種の精霊か生命力であると考えていると言う。死後の生を信じている人の数もまた減少した。一九六八年のギャラップ調査によれば、五四％の人々が天国の存在を信じ（もっとも、地獄の存在を信じる者は二三％にすぎないが）、一九七四年に死後の生について幾分異なった質問をした際には、それを信じる者はわずか三九％であった。一方、三五％が死後の生は存在しないと信じていた。あらゆる証拠が超自然的なものへの信仰の衰退傾向と、超自然的なものが現代人の日常生活に何らかの有意義な影響を及ぼしているという考えを否定する傾向とを示している」[25]。

また個人的な信仰の面のみでなく、社会秩序の面でも宗教は重要でなくなってきたと確信されるようになっている。ウイルソンによるとこれが比較的最近の変化であって、印象的な建築物、公的生活において確立されている教会の立場、教会指導者にそなわっている威厳等々にもかかわらず、教会が社会的重要性を失いつつある。したがって日常生活において払われる聖職者への尊敬はかつてないほど低下している。そこから政治的な意味での世俗化が次のように起こってきている。

「教会がかつて果たしていた諸機能を他のさまざまな機関が果たすようになり、社会生活に対して教会が君臨する時代は去った。教会は地域共同体の生活の中心ではなくなり、より狭い、特殊な、隔離された一つの宗教的中心にすぎなくなった。かつては、まじめに勤めている聖職者なら彼はまた教師でもあり、共同体の道徳の擁護者、社会奉仕家でもあり、時には治安判事や病院の看護者（実際には医学上の助言者ではなかったが）でもあった。ところが今日では、それらの役割は他にとって代わられた。時には実際の権力を握ったこともある聖職者の政治的影響力もまた失われた。司祭は教育制度が発達する以前の時代には国家からの情報を伝える道義上の代理人として、価値や意見、命令の伝達者としての特権的な役割を、独占とまではいかないにしても、担っていた。しかし、この機能ももはや彼の手にはない[26]」。

さらに世界を席巻した大学闘争の時代である一九七〇年代にはいると、これまで懐かれてきた気休めの幻想は消えてしまい、宗教の衰退が統計上もはっきりとしてきた。

「もし、第一次世界大戦前に、すでに宗教の衰退を示す徴候が僅かながらあったとしても、第二次大戦以降は、それはもう見逃しえないものとなった。しかも、この衰退はイギリスのみでなく、ヨーロッパ全体に見られるのである。イングランドでは、復活祭の主日にイギリス国教会で聖餐を受ける一五歳以上の者は、第二次大戦直前の年には人口の一〇%弱いたが、一九六〇年には六・五%に、一九六八年には五・六%に減少した。イギリス国教会の選挙人名簿には、一九三〇年に約三七〇万人が登録されていたが、一九六八年には有権者数はもっと増えたにもかかわらず二七〇万人以下しか登録しなかった。もっと短期間にもいくつかの劇的な変化が起こっている。例えば、一九五六年にはイングランドにおける新生児の六〇%以上がイギリス国教会の洗礼を受けたが、一九六八年には五〇%以下となった。非国教徒の場合も事態は同じである。イギリス諸島のバプテスト派は一九一一年には四一万八〇〇〇人いたが、一九五一年には三三万五〇〇〇人、一九七一年には二六万三〇〇〇人に減った。一九五九年から一九七一年の間に、グレート・ブリテンにおけるメソジスト派の会員数は七三万三〇〇〇人から六〇万人に落ちた。イングランドとウェールズにおける組合派は、一九三五年には四四万人であったが、一九六五年までに約半数に減り、一九七三年には二〇万人以下となった。この減少は、組合派とイギリス長老教会との連合にもかかわらず、続いている。一九六〇年代の末には、イギリス国教会の日曜礼拝に常時出席する者は、イングランドの人口のわずか三・五%にすぎなかった(27)」。

同様の傾向は献金の減少と聖職者集団の減少の統計によっても示されており、世俗化の最良の指標となっている。

カトリックの場合にも世俗化は進行している。イタリアの大学で学生が扇動したアジテイションを見るとそれが判明になる。たとえば、「司祭のいない教会」、「教会の完全な俗人への開放」、「聖化された象徴物を全く用いない聖餐式」などであり、さらに産児制限に対する教会の態度の改変が叫ばれた。そして、特にイタリアにおいては、政治的な問題について教会はマルクス主義者たちと連合し、積極的に社会に関与せよ、と要求された。そのなかでも最も重大な問題は司祭の結婚が認められるべきだという要求であった。教会はこの改革を拒絶したが、そのため多くの司祭が、特にオランダで、聖職を離れ、教会を去っていった。また大改革を実行した第二ヴァチカン公会議の後でも司祭や若者の間で始まった革命的な運動は教会を越えた宗教（extra-ecclesial religion）へと重大な発展を見せている。[28]

注

（1）本書第三章第三節の⑥一八八―八九頁参照。

（2）ヴェーバー「世界宗教の経済倫理　序論」『宗教社会学論選』大塚久雄・生松敬三訳、みすず書房、七〇頁。

（3）本書第二章「はじめに」八二—八四頁参照。
（4）W. S. F. Pickering, Art. Secularization, in : Modern Christian Thought, ed. by A. E. McGrath, 1933, p. 593-598. この箇所の世俗化の三つの次元に関してはこの論文の示唆に負うところが大きい。
（5）バターフィールド『近代科学の誕生』（上）渡辺正雄訳、講談社学術文庫、一四頁。
（6）この点はヘーゲルとマルクスの学説によって鋭く指摘されている。金子晴勇『人間の内なる社会』創文社、一一九—二四頁の叙述を参照されたい。
（7）エリアーデ『聖と俗』風間敏夫訳、法政大学出版局、五頁。
（8）この点に関して金子晴勇『ルターとドイツ神秘主義』創文社、第一一章から第一二章にかけての詳しい論述を参照されたい。
（9）ポール・アザール『ヨーロッパ精神の危機』野沢協訳、法政大学出版局、一九頁。
（10）ポール・アザール前掲訳書、一八、三三頁。
（11）シェイクスピア『マクベス』福田恆存訳、新潮文庫、九二—三頁。
（12）金子晴勇『近代自由思想の源流』創文社、三四九頁。人格の肯定的な意味に関してはルター『キリスト者の自由』石原謙訳、岩波文庫、二三節、三六—八頁参照。
（13）カント『実践理性批判』波多野・宮本・篠田訳、岩波文庫、一八〇—八一頁。
（14）M. Scheler, Der Formalismus in der Ethik und die materiale Wertethik, 4Auf. 1954, S. 548.
（15）M. Luther, Weimarer Ausgade, 39, I, 174-180.
（16）P. Tillich, Systematic Theology, Vol. 1, 1953, p.88-90.

(17) キルケゴール『現代の批判』枡田啓三郎訳「世界の名著　キルケゴール」中央公論社、四〇三頁。
(18) オルテガ『大衆の反逆』神吉敬三郎訳、角川文庫、七八頁。
(19) オルテガ前掲訳書、七八―九頁。
(20) キルケゴール『死にいたる病』枡田啓三郎訳「世界の名著　キルケゴール」中央公論社、四三五―三六頁。
(21) キルケゴール前掲訳書、四三七頁。
(22) K. Jaspers, Existenzphilosophie, 1964, S. 17.
(23) ハイデガー『存在と時間』原佑・渡辺二郎訳「世界の名著　ハイデガー」中央公論社、八〇頁。
(24) サルトル『実存主義とは何か』伊吹武彦訳、人文書院、一八―九頁。
(25) ウイルソン『現代宗教の変容』井門富二夫・中野毅訳、ヨルダン社、三八頁。
(26) ウイルソン前掲訳書、三八―九頁。
(27) ウイルソン前掲訳書、四六―八頁。
(28) C. G. Brown, The Death of Christian Britain. Understanding secularisation 1800-2000, 2001. この研究は表題にあるように世俗化が今日の時点まで進行を続けていることを多くの統計によって明らかにしている。

第二章　宗教社会学における世俗化の理解

はじめに　宗教社会学の伝統――デュルケムの世俗化論

宗教の生命力が衰えている事実は前章においてヨーロッパの例によって示されたのであるが、世俗化された社会において個人はどのような運命をもっているのであろうか。この世俗化された社会の側から考察される個人の宗教問題はとくに宗教社会学の課題となっている。では、現代の宗教社会学は世俗化の問題をどのように把握しているのであろうか。わたしたちはこの問題を主題として立てて考察してみたい。

宗教社会学の伝統のなかでこの問題を積極的に取りあげているのはデュルケムとヴェーバーである。デュルケムは「社会的事実をモノとして考えよ」という立場から客観的考察を試み、ヴェーバーは「行為の主観的意味連関」を追求する主観的考察を試みているように、両者の間には基本的な視点の相違がある。しかし二人は現代社会における個人の運命に深い関心をもち、現代社会の性格が個人に対し重大な結果をもたらしたことを熟知していた。分業・官僚制・自殺などに関する二人の研究がこのことを証拠立てている。また両者とも社会における個人の位置づけが宗教の研究によって解明できると考えている。

そこで宗教社会学において宗教がどのように定義されているかについて考えてみたい。デュルケムは『宗教生活の原初形態』で宗教現象の古典的な定義を次のように与えている。「宗教現象の真の特徴は、すべての世界が相互に排斥し合う二つの分野に区別して考えられるということである。聖なるものは禁忌によって保護され隔離されている。俗なるものはこれらの禁忌が適用され、聖なるものから遠ざけられるべきものである。宗教的信仰は、聖なるものが聖なるもの相互または俗なるものとの間に維持する関係を表現する表象である(1)」。

彼は聖と俗とを絶対的に異質なものとして立て、聖なるものを禁忌（タブー）によって俗から隔絶した上で、俗から聖への道を「入信」(initiation) 儀礼による「死と再生」と見なし、この行事を司る教会という共同社会こそ宗教の根源であると説いている。したがって宗教は社会的な作用として具体的に考察され、宗教とは「聖なるもの」と関連する「信念と行事との連帯的な体系、教会と呼ばれる同じ道徳的共同社会に、これに帰依するすべての者を結合させる信念と行事である」と定義される。これが宗教社会学的宗教の定義の特質である。こうして宗教の観念が「教会」と密接に関係させられ、

「宗教とは著しく集合的な事象でなければならない」と捉えられている。[2]

彼は古代社会のトーテム信仰を研究の対象とし、そこではトーテムによる集団的な結合が強力に支配し、宗教現象が道徳・芸術・法律・政治あるいは経済などの諸現象を主宰していたことを明らかにしている。とくに氏族の区分を表すための記号である動植物のトーテムは宗教的象徴として聖なるものの典型である。トーテムとは神である。したがって社会こそは神なのである。[3]「この実在こそ社会である。われわれはこの実在がどのような道徳力を発展させ、これが信徒を礼拝に結びつける依拠・保護・後見の感情をどうして呼び起こすかを示した。信徒を自己自らの彼方に高揚させるのは、この実在である。信徒を作るのもこれである」[4]。このように彼が宗教現象を今日におけるように個人現象として見るのでなく、集団的な社会現象として考察したことと、未開社会の宗教を信仰よりも行事を中心において観察したこと、したがってそれまで見逃されていた宗教における「教会」の意義を明快に指摘したことは重要である。それゆえ、このようにデュルケムの宗教の定義が社会的タブー（禁忌）と、それに関わる社会的な行事とから規定されているところに彼の宗教社会学の特質がよく示されている。

ところで彼は世俗化のプロセスを次のような観点から捉えている。それはまず非常に早い時代に始まっており、宗教的な古代社会において科学・医学・哲学・芸術・法律などから宗教的な公理が取り去られる時にまで遡る。それを行った理性活動は世俗的な権威を得ることによって宗教的・教会的権威にもはや服さなくなってくる。この意味で人類の歴史は世俗化の歴史であった。だが、このプロセスは一様ではなく、ルネサンスと宗教改革から世俗化の速度は加速され、いっそう広い社会生活の領域を覆うに至っている。

しかるに、「行為の主観的意味連関」を重視するヴェーバーは、個人の社会的条件をより特定の視角から問題としている。すなわち、それぞれの宗教の歴史的文脈およびその宗教の歴史社会との関係のなかに求める。しかしながら、現代社会における個人の問題についてはヴェーバーもデュルケムも、それを直接的に現代世界の世俗化と結びつけた。したがって社会における個人の存在の問題は、「宗教的」な問題に他ならないということである。それゆえ、宗教社会学が今日意義をもつのは、主として現代の社会構造における個人の運命を理解しようとしている点に求められる。

第一節　ヴェーバーの世俗化論

世俗化の運動は合理主義によって引き起こされたと一般的に考えられている。理知的な傾向の思想家は知的な世俗化を強調し、それが宗教生活のすべての領域に行き渡っているとみなしている。彼らは行動も知的な信念によって起こると信じており、科学的な真理が説かれるところでは宗教はほとんど役立たないと想定されがちである。しかし、西欧において宗教は長い間瀕死の状態であったとしても、それでも宗教的信念と行事とは存続しているのも事実である。現代の宗教を宗教社会学者マックス・ヴェーバーはどのように把握していたのであろうか。彼は「世界の呪術からの解放」（Entzauberung der Welt）を説いて、科学技術・官僚主義・目的合理性によって日常生活が支配されるようになっている点を合理化の理論により説明している。そこで彼の社会学の方法から考察していきたい。

1　ヴェーバーの社会学の方法

ヴェーバーの社会学は社会的「行為の主観的意味連関」という視点から展開している。それを明らかにするためには社会的行動の四類型と支配の三類型を把握しておかなければならない。彼は「社会的行為」を次のように規定している。「〈社会的〉行為という場合は、単数あるいは複数の行為者の考えている意味が他の人々の行動と関係を持ち、その過程がこれに左右されるような行為を指す[5]」。そして彼は社会的行為を、①目的合理的行為、②価値合理的行為、③感情的とくにエモーショナルな行為、④伝統的行為の四つの類型に分けている。これらの行為の分類には合理性がすべての尺度の基礎に据えられており、行動の目的も合理的かそれとも非合理的かで分類され、非合理性の内容が信仰価値・主観的感情や情念・習慣となった伝統とに分けられている。したがって「合理性」と「伝統性」とが対極をなす理念的図式が見出される。

同様のことは正当な支配の類型においても合理性と伝統性とが対比されていることから知られる。正当な支配の純粋な類型は三つだけあって、『経済と社会』（II―一九）に展開する「支配の社会学」においてその三類型が、①合法的支配、②伝統的支配、③カリスマ的支配として説かれている。(6)

このような支配の形態に示されているヴェーバーの視点の特徴は、近代社会の合理性もしくは合法性と前近代的な伝統社会の非合理性もしくは呪術性とを対立的に見る点にある。そして彼は伝統社会から近代社会への移行を「呪術からの解放」として捉える。この解放の過程が古代ユダヤ教の預言者にはじまり、一七世紀のピューリタンにおいて完成すると説いている。しかし、この合理化の過程こそ同時に世俗化が進展するプロセスでもあった。

2　ヴェーバー宗教社会学の特質

ヴェーバーの宗教社会学の特質を、彼の壮大な『宗教社会学論集』（全三巻）の「序言」から世俗化と関連するところを取り出して考察してみたい。まず、合理化が進行することによって宗教が非合理的なものに押し込められたが、それにもかかわらず非合理的なものによって合理的な生活様式の特徴が現われているとみなして、彼は次のように語っている。

「世界像および生活様式の理論的かつ実践的な、また知的かつ事実的な全面的合理化という近代的な形態は、次のような一般的な帰結をもたらした。すなわち、この合理化の過程が進展するにつれて、宗教の方はそのために、ますます――世界像の知的な形成という観点から見て――非合理的なもののなかに押し込められていったということである。……〔しかるに〕合理的・組織的な生活様式の重要な諸類型は、何よりもまず、それぞれ、端的に所与のものとして生活のうちに受け入れられている非合理的な諸前提によって特徴づけられていた。そしてその諸前提はどういうものであったかというと、それは、当の生活方式が形づくられる決定的な時代にその担い手だった社会層の特質によって、言い換えると、その外的・社会的および内的・心理的に制約された利害状況によって、純粋に歴史的にかつ社会的に、少なくともきわめて強度に規定されているようなものだったのである(7)」。

ここに説かれている合理的・組織的な生活様式の重要な諸類型は時代によって異なる宗教の指導者層によって定められており、上流知識人・教権者層・政治的管理者層・騎士的戦士層・農民層・市民層に分けて考察されている。わたしたちにとってもっとも重要なのは最後に挙げられている市民層における現象であって、これについて次のように言われている。「彼らの場合にはまさしく、技術的・経済的な合理主義への傾向に結びついて、きわめて様々な程度においてではあれ、倫理的・合理的な生活規制を呼び覚ます可能性がつねに存在しつづけたのである(8)」と。ここからいわゆる「呪術からの解放」という主題が生じてくる。こうしてヨーロッパ近代における世俗化も市民層の信仰から発生してくる。

次に、彼は人間の宗教性を達人的宗教性と大衆的宗教性とに分けて聖俗の関係を捉えようとする。

人間の宗教的資質は一様ではなく、不平等であるという経験的事実に彼は注目し、カルヴァン派の予定説における「特殊恩恵説」もここから生じてきている、と彼は考える。それゆえ彼は人間の宗教的な資質を手がかりに達人的宗教性と大衆的宗教性との二類型を引き出している。

「すべての強烈な宗教意識にあっては、カリスマ的資質の差別に応じて一種の身分的な分化を生みだす傾向が生じてくることになった。すなわち、〈英雄的〉ないしは〈達人〉的宗教意識（Heroistische oder Virtuosen Religiosität）が〈大衆〉的宗教意識（Massen Religiosität）と対立することになったのである。――ただ、ここで〈大衆〉というのは、もちろん、世俗的な身分秩序のなかで社会的に低い地位にある者などではなくて、宗教的〈音痴〉（die religiös Unmusikalischen）とでもいうべき人びとのことを指している[9]」。

こうした二種類の宗教性は宗教によってさまざまであるが、カリスマ的資質とそうでない者とに区別され、聖と俗とに階級の分化を引き起こしている。ところで、達人的宗教意識は自己の固有な法則にしたがって展開するため、公的制度として組織された恩恵授与の共同体から反撃をうける。なぜなら、教会は大衆的宗教意識を組織し、教権によって独占される救済財を、宗教的達人たちの宗教-身分的な資質の自己証明に代えて与えようとするからである。教会はこうした救済財をすべての人々にとって到達可能なものにするという意味で「民主的」であらざるを得ない。ここでは教会は大衆の側に立っている。

この二つの類型は同時に聖と俗との分離を引き起こしている。というのは達人的宗教性のカリスマ的特質は神秘的、オルギア（狂宴）的ないしエクスタシス（脱自）的な体験であって、その特殊的に非日常的な性格が日常生活およびあらゆる合理的な目的行為から人を引き離してしまうからである。まさしくそのゆえにそれは「聖なるもの」とみなされたのである。こうして「俗人」の生活と「達人」の生活とのあいだに深い裂け目が生まれることになった。

また西洋におけるプロテスタンティズムの教会とセクトに見られる宗教社会学的特質について次のように言われている。「現世を呪術から解放することおよび、救済への道を瞑想的な〈現世逃避〉から行動的・禁欲的な〈現世改造〉へと切りかえること、この二つが残りなく達成されたのは――全世界に見出される若干の小規模な合理主義的な信団を度外視するならば――ただ西洋の禁欲的プロテスタンティズムにおける教会および信団の壮大な形成のばあいだけであった[10]」と。そこには西洋の都市を基盤とする社会的環境、なかんずく宗教意識の展開にとって決定的な役割をはたした社会層の側からの影響が、また他方では、現世超越的な神と救済の手段と方法の特殊性からくる影響が作用している。しかも宗教的達人が神の「道具」として現世に積極的に関わり、あらゆる呪術的な救済手段がとり去られ、現世の秩序の内で倫理的徳行によって自己の救済を証しすべきであると説かれた。ここから世俗内敬虔に基づく職業への献身によって現世を倫理的に合理化しようとするに至った。こうして日常生活のなかで、つまり神への奉仕のために方法的に合理化された日常生活の行為において救済の証明が得られることになった。それゆえ「西洋にあっては、宗教的達人たちのかたちづくる信団は、経済的行為をも含めて、生活様式を方法的に合理化するための酵素となった[11]」と説かれている。

3　近代的な職業観と資本主義の精神の問題

そこで、次にわたしたちは、合理化と近代化を彼がどのように捉えていたかを考察してみたい。ヴェーバーは『プロテスタンティズムの倫理と資本主義の精神』において合理化という視点から近代化を捉えている。このプロセスを最も鮮明に示しているのは「職業倫理」（エートス）の変化であり、この変化はまず宗教改革者ルターの「職業観」に表れている。ルターは職業に対して神からの「召命」の意味をもっている Beruf の語を当て、それを「天職」とみなしたのであった。これによって起こってきたエートスの変化にヴェーバーは注目し、伝統的職業観からの脱却がそこに生じているという。つまり、伝統的職業観では職業に固有な意味が与えられておらず、ただ生活を維持する範囲でそれが認められていたため、聖職のほかには積極的な意味は存在しなかった。しかるにルターの宗教改革により多くの修道院が廃止され、聖職と世俗の職業の区別は撤廃され、すべての職業を神から与えられた天職と見ることによって、世俗生活の主たる営みである職業内部の義務の遂行によって神に喜ばれる生活を送ることができるとの積極的意義が得られるようになった。

こうして宗教的なエートスによって職業に新しく生命が付与された結果、出来高賃金率を高くすることによって生産性が向上する、資本主義的な近代社会への道が開かれてきた。伝統社会ではこのようなことは生じることなく、そこでは労働者の意識は目的志向的ではなく、日常生活に事足りればよしとし、伝統の枠内での生活を維持する保守的傾向をもっていた。また呪術信仰・魔女狩り・宗教裁判に典型的に示されているような精神構造のうちに閉じこめられて、精神的にも経済的にも社会が発展する余地はまったくなかった。そのさい、宗教にはこのような呪術的要素をもった自然宗教とそうでない歴史的な啓示宗教とが区別され、キリスト教は後者に属している。なかでもカルヴァン派のプロテスタント、とりわけピューリタンにおいては「神の栄光を増すために」この世の楽しみを否定する禁欲の精神の下に職業活動に励み、生産を合理化することによって富を蓄積し、資本を合理的に運営することが生じてきたと指摘されている。こうした宗教的職業倫理と資本主義の形成との関係は歴史家トーニーによって批判され、経済学者のゾンバルトによって部分的な影響関係に制限されてきた。しかしながら宗教のもつ独自の合理性は、ヴェーバーによって「価値合理性」の下に認められているのみならず、キリスト教の創造思想や倫理思想にも充分認められるがゆえに、考慮すべきことである。

近代社会がこうした合理性に基づいて形成されているため、近代人は自らの理性によって自律し、合理的な知識の絶対的確信によって伝統社会の迷信と呪縛とを打破しながら、人間による技術的な自然支配の道を驀進することになった。この合理化の流れは高度に発展した工業技術社会を造り出し、生産性の向上と高速化によって物質的富と利便性とをもたらしたが、その反面では科学技術を駆使しての戦争と化学兵器の開発により自らの生存を脅かすまでになった。こうして初めてわたしたちは科学技術の問題性・文明の二義性・合理主義の非合理的結果に直面することになったのである。したがって合理的な近代社会は「毒麦が共に育った畠」（マタイ一三・二四―三〇）であることが知られるようになった。そして何よりも近代科学の根底に潜んでいる、現実から遊離し、主客の分離した知識の構造が批判され、近代産業社会を支えてきたイデオロギーが次々に批判されるようになった。

4　ヴェーバーの世俗化論

ヴェーバーの『プロテスタンティズムの倫理と資本主義の精神』はその前半において職業倫理を問題にしていたが、後半になるとこの倫理が資本主義によって世俗化されるプロセスを問題としており、次に挙げる三つの観点から世俗化が説かれている。

①　禁欲による合理化と富の蓄積　　資本主義の生産様式においてこの世の楽しみを捨てて職業にいそしむ精神つまり禁欲が重要な役割を演じている。禁欲は不正に対してばかりでなく、純粋に衝動的な物欲とも戦ったのである。それは禁欲がこの衝動的な物欲を「貪欲」（covetousness）、「拝金主義」などとして排斥したものの、結果としては富裕となることを究極目的として富を追求することにつながったからである。それゆえ禁欲は「つねに善を欲しつつ、つねに悪を作り出す」力であった。そこには「富を目的として追求することを邪悪の極致としながらも、〔天職である〕職業労働の結果

として富を獲得することは神の恩恵だと考えた」ような矛盾が見られる。しかしそれ以下に重要な点は「たゆみない不断の組織的な世俗的職業労働を、およそ最高の禁欲的手段として、また同時に、再生者とその信仰の正しさに関するもっとも確実かつ明白な証明として、宗教的に尊重することは、われわれがいままで資本主義の〈精神〉とよんできたあの人生観の蔓延にとってこの上もなく強力な梃子とならずにはいなかった」ことである。こうして禁欲による消費の抑圧と富の形成を救いの証とすることが結合すると、「禁欲的節約強制による資本形成」が生まれてくる。そこから、ニューイングランドでもオランダでも、「真剣な信仰の持ち主たちが、巨大な富をもちながら、一様にきわめて簡素な生活にあまんじていたことは、度はずれの資本蓄積熱をもたらした」のである[12]。こうして世俗化の前提条件が揃ったのである。つまり神と富とに兼ね仕えることは不可能であるから、神への信仰によって富が増すようになると、信仰の「腐食現象」と言われている世俗化も必然的に起こり得る前提条件が揃うことになる。

② ピューリタニズムの人生観と資本主義　こうした信仰の世俗化が生じたのは、プロテスタントの中でも信仰の内面性を強調したルター派が支配的であった地域ではなく、行動的なカルヴァン派が浸透していった、とくにピューリタニズムの人生観が行き渡った地域においてであった。そこでは市民的な、経済的に合理的な生活態度へ向かおうとする傾向が単なる資本形成の促進よりもはるかに重要な働きをもたらした。「ピューリタニズムの人生観は近代の〈経済人〉の揺籃を守ったのだっ

た」。その生活理想は富の「誘惑」のあまりにも強大な試練に対してまったく無力であった。ピューリタニズムの精神の純粋な信奉者たちは、興隆しつつあった小市民層や借地農民層のあいだに見出され、その中の「恵まれた裕かな人々」(beati possidentes)は禁欲的な質素な生活という旧い理想を否定する傾向にあった。

富が増すところに信仰の堕落が生じるのは歴史的にも絶えず見られる現象であって、世俗内的禁欲の先駆者であった中世修道院の禁欲がくりかえし陥ったのとまったく同じ運命だった。中世に盛んに建立された修道院においては厳格な生活の規制と消費の抑制が行なわれて、経済の合理的な運営がなされるようになると、それによって獲得された財産は僧侶をして貴族化の方向に堕落させていくか、富によって修道の精神が弛緩し、修道院の規律が崩壊の危機に直面していった。それゆえに繰り返し「修道院改革」が提案され、実行されなければならなかった。「修道会の会則の全歴史は、ある意味において、まさしく所有の世俗化作用という問題とのたえまない格闘にほかならなかった。ピューリタニズムの世俗内的禁欲の場合にも、それと同じことが壮大な規模で起こったのだ[13]」。たとえば一八世紀末葉に起こったメソジスト派の「信仰復興」運動はそのよい例である。

この運動の指導者であったジョン・ウェスレー自身はこの間の状況を次のように述べて、彼が禁欲的信仰の逆説的な関連をよく自覚していたことを伝えている。

「私は懸念しているのだが、富の増加したところでは、それに比例して宗教の実質が減少してくるようだ。それゆえ、どうすればまことの宗教の信仰復興を、事物の本性にしたがって、永続させることができるか、それが私には分からないのだ。なぜかといえば、宗教はどうしても勤労（industry）と節約（frugality）を生み出すことになるし、また、この二つは富をもたらすほかはない。しかし、富が増すとともに、高ぶりや怒り、また、あらゆる形で現世への愛着も増してくる。だとすれば、心の宗教であるメソジストの信仰は、いまは青々とした樹のように栄えているが、どうしたらこの状態を久しく持ちつづけることができるだろうか。どこででも、メソジスト派の信徒は勤勉になり、質素になる。そのため彼らの財産は増加する。すると、それに応じて、彼らの高ぶりや怒り、また肉につける現世の欲望や生活の見栄も増加する。こうして宗教の形は残るけれども、精神はしだいに消えていく。純粋な宗教のこうした絶え間ない腐敗を防ぐ途はないのだろうか。人々が勤勉であり、質素であるのを妨げてはいけない。われわれはすべてのキリスト者に、できるかぎり利得するとともに、できるかぎり節約することを勧めねばならない。が、これは、結果において、富裕になることを意味する[14]」。

これにつづいて「できるかぎり利得するとともに、できるかぎり節約する」者は、また恩恵を増し加えられて天国に宝を積むために、「できるかぎり他に与え」ねばならないと勧告されている[15]。

③　世俗化と世俗主義化した「末人」の運命　　ウェスレーがここで語っているように、強力な宗教運動はその禁欲的な教育作用によって経済的発展に寄与している。ところでヴェーバーが注目して

いるのは宗教が生命を失って世俗主義化するプロセスなのである。彼によるとそれが経済への影響力を全面的に現わすのは、「通例は純粋に宗教的な熱狂がすでに頂上をとおりすぎ、神の国を求める激情がしだいに醒めた職業道徳へと解体しはじめ、宗教的根幹が徐々に生命を失って功利的現世主義がこれに代わるようになったとき」であり、それを比喩的に表現すれば、バニヤンの『天路歴程』に登場する「巡礼者」が「虚栄の市」を通って天国に急ぐ内面的に孤独な奮闘に代わって、「ロビンソン・クルーソー」つまり同時に伝道もする孤立的経済人が姿を現わしたときなのである。(16) 実際、強力な宗教的な生命が初めにないなら、世俗化は生じない。これが起こる瞬間は宗教的な生命はその頂点に到達し、やがてそこから下降するときであり、そのときに宗教が生んだ子どもが親の地位を簒奪し、没収することによって権力の交替が実現している。それゆえ世俗化はこうした権力の「簒奪」や「没収」に他ならないといえよう。

禁欲の精神は修道士の小部屋から職業生活のただ中に移されて、世俗内的道徳を支配しはじめるとき、非有機的・機械的生産の技術的・経済的条件に結びつくと、資本主義的な生産様式に基づく近代的経済秩序を形成するのに力を貸すことになった。そしてひとたびこの秩序ができあがると、それは圧倒的な力をもってすべての人と世界とを巻き込み、鋼鉄のように堅い檻となって支配するようになった。バクスターによると、わたしたちは所有物を「いつでも脱ぐことのできる薄い外衣」のように肩にかけるべきであった。しかるに運命は不幸にもこの外衣を「鋼鉄のように堅い檻」としてしまった。したがって「禁欲が世俗を改造し、世俗の内部で成果をあげようと試みているうちに、世俗の外物はかつて歴史にその比を見ないほど強力になって、ついには逃れえない力を人間の上に振るうようになってしまった」。これが世俗化であって、「世俗的職業を天職として遂行する」禁欲の精神はかつての宗教的信仰の「亡霊」としてわたしたちの生活の中を徘徊している。こうして職業活動は今日最高の精神的文化価値への関連が見失われ、単なる経済的強制としてしか感じられないし、営利活動は宗教的・倫理的な意味を喪失しており、今ではマネー・ゲームといったスポーツのように純粋な競争の感情に結びつく傾向を示している。こうした文化発展の最後に現われる「末人たち」（letzte Menschen）にとっては「精神のない専門人、心情のない享楽人。この無のものは、人間性のかつて達したことのない段階にまですでに登りつめた、と自惚れるだろう」という言葉が真理となるのではなかろうか、とヴェーバーは警告している[17]。

第二節　バーガーの社会学と世俗化の理論

1　弁証法的社会学説

宗教社会学の理論は社会における個人の存在の問題についての全体的見通しを与えることを課題としているが、そのさい本章の冒頭で述べたように社会学の伝統のなかでデュルケムとヴェーバーは客観的考察と主観的考察との対立する観点に立っていた。この両者の方向を共に活かしながら弁証法的に統一する理論を展開しているのがピーター・バーガー（Peter L. Berger, 1929–）である。彼は社会と個人との関係を弁証法的に捉えて、「社会は人間の所産であり、人間は社会の所産だという二つの言表は矛盾するものではない。むしろ、これは社会の現象が本来的に弁証法的性格をもつことを反映している[18]」と語っている。

それゆえ、社会的現実を人間の主観的な意味から捉えようとするヴェーバーの理解と、同じ現実を個人に対抗するものとしての事実から捉えようとするデュルケムの理解とは、社会現象の主観的基礎と客観的事実性とを意図したのであり、事実上、主観性とその客体との弁証法的関係を指示していると考えられている。

そこでバーガーは社会の基本的な弁証法的過程を外在化（externalization）、客体化（objectivation）および内在化（internalization）という三つの段階で捉えている。この段階の意味を彼は次のように要約して説明している。「外在化とは、人間存在がその物心両面の活動によって世界にたえず流れ出すことをいう。客体化とは、この（物心両面にわたる）活動の所産によって当初の生産者に外在し疎外する事実として彼らに対立する現実が成立することである。内在化とは、この同じ現実の人間による再専有をいい、これをもう一度客体世界の枠組から内的意識の組成のなかに変容せしめるのである。外在化を通してこそ社会は人間の所産であり、客体化によってこそ社会はまさに現実となる。

また人間が社会の所産であるのは、ほかならぬ内在化を通してのことなのである」[19]。

このような弁証法的な視点はきわめて説得力があり、しかも人間学的な考察によってこの視点が肉付けされている。わたしたちが問題にしている「世俗化」についても優れた考察がなされている。

2　宗教社会学的な宗教の定義と世俗化

バーガーの世俗化の学説を考察するに先立って、彼の宗教社会学における宗教の定義について述べておかなければならない。彼によると「宗教は、それによって神聖なコスモスが確立する人間の事業である。別の言い方をすれば、宗教は神聖な様式におけるコスモス化である。神聖をもって、ここでは、人間ではないが人間とかかわる神秘的で恐れ多い力の資質であって、一定の経験対象に宿ると信じられているものと解しておく[20]」と規定されている。

ここには宗教が聖なるコスモスとして捉えられ、それは人間がそれに関わる作用であると定義されている。この定義は「聖なるもの」を中心に宗教現象を捉えたオットーやエリアーデの宗教現象学に立ちながらも、デュルケムの文化人類学的な社会学を加えた内容となっている。それゆえ聖なるものの特質に宇宙を支配する原理をも加えており、人格的要素と並んで非人格的要素も加味されている。それは俗なる世界からの超越に宗教の本質的特徴を捉えている。それゆえバーガーは「神聖は、日常生活のきまりきった茶飯事から〈突出すること〉、何か異常でひょっとして危険なものと解されるが、その危険を慰撫して、その力を日常生活の必要に応じて利用することもできる」[21]と語っている。この聖なるコスモスは、つまり「この実在は、人間に呼び掛け、彼の生活を究極的に意味の豊かな秩序のなかに位置づけるのである」[22]と言われるように、それは人間を超越し、はるかに強力な実在として人間に対面している。

さて、宗教の関わる世界を聖なるコスモスと規定することによって、バーガーの宗教学は、必然的に世俗化の過程を問題にすることになる。彼によると〈世俗化〉という言葉は近代では教会からその領地または財産を解放することを意味し、それ以前ではローマ教会法で修道士を「世俗界」に戻して在俗可能にすることを表し、法的な、その限りにおいて価値中立的に純粋に歴史的概念として使われた。しかし、その後では「世俗化」も「世俗主義化」も評価的な意味合いを強く帯びて来ており、時には肯定的な、時には否定的な、イデオロギー的な概念として使われてきた。たとえば反教会的な進歩派の人たちは、近代人の教権からの解放を意味するものとしてこの概念を用い、他方、伝統的教会と結びついた保守的な人々は、それが「非キリスト教化」や「異端化」を表すものとして攻撃的に使われた。さらに第二次大戦後になるとプロテスタントの神学者たちの中にはディートリッヒ・ボンヘッファーの思想に依拠して、従来のキリスト者が行なってきた「世俗化」の評価を逆転させ、キリスト教自体の根本的なモチーフとして「深いこの世性」などを強調し、新しい神学を模索するようになった。[23]

しかしバーガーは「世俗化」の概念をイデオロギーとして用いることを避け、近代西欧の歴史における重要なプロセスを表現しているものと考える。それゆえ世俗化の経験的な現象を価値的な見方を入れないで記述することは可能であって、「その歴史的な起源を、たとえそのキリスト教との歴史的関わりを含めても、これがキリスト教の成就または衰退のどちらかを表わすのだと主張することなしに、究明することもできる[24]」と説いている。

そこで彼は世俗化を定義して「われわれのいう世俗化とは、社会と文化の諸領域が宗教の制度や象徴の支配から離脱するそのプロセスである[25]」と規定している。もちろん近代西欧の歴史では世俗化は、キリスト教会の或る地域からの撤退という姿で現われる点は、教会と国家の分離や、教会・領地の公的没収や、あるいは教育の教権からの解放などの場合と同様である。だが、文化と象徴を論じる場合には、世俗化は一個の社会構造上のプロセス以上のものと考える。それは文化的生活に影響し、芸術、哲学、文学の領域での宗教的内容の脱落となり、科学の台頭のように世界に関する自律的で完全に世俗的な試みの中に現われている。さらに世俗化のプロセスにはある主観的な側面が存在しており、社会と文化に世俗化があるように、主観的な意識にも世俗化がある。つまり現代世界では、世界と人生とを宗教なしに生きている人々をますます数多く生み出している。したがってバーガーは世俗化の歴史的な過程を客観的に考察し、社会と個人における宗教的内容の脱落現象として捉えている。

3　プロテスタンティズムと世俗化の歴史的関連

そこでまず世俗化の歴史的過程について問題にしてみよう。近代西欧社会における世俗化のプロセスでとくに重要なのはプロテスタンティズムが演じた役割である。プロテスタンティズムは宗教改革の歩みを通して制度的な改革に着手し、カトリックと比較すると「聖書のみ」（sola scriptura）の原則に従って聖なるものを神の言葉に制限しており、サクラメントや儀式的な要素を大幅に縮減している。カトリック教会が重んじてきた聖人たちとの結びつきやミサ聖祭の奇跡さらに死者に対する執り成しなどは完全に消滅している。このようにして初めて神聖性の三要素――神秘・奇跡・呪術からの脱出が可能となった。このプロセスはヴェーバーが強調する「呪術からの解放」に他ならない。したがってプロテスタントの信徒たちはもはや神聖な世界には住んでいない。その世界は超越的な神性と世俗的な人間性とに両極化され、世俗の世界は霊性を剥奪され、単なる「自然」という被造世界に過ぎない。そのため中世において馴染みが深かった「超自然的要素」、つまり聖なるものが聖書と信仰に局限され、「天と地を結ぶへその緒」が切断されたがゆえに、世俗化は必然的な歩みをもって開始せざるを得なくなった。バーガーは次のように語っている。

「プロテスタンティズムが神性の世界を裸にしたのは、ひとえに超越的な神の恐るべき尊厳性を強調せんがためであり、人間を完全な〈堕落〉に投げ入れたのも、ひとえに彼に至高の恩寵による神の干渉、プロテスタント世界での唯一本当の奇蹟を受け容れさせせんがためであった。しかしながら、これを実行するうちに、人間の聖なるものへのつながりを狭めてしまい、ついには神の御言葉と呼ぶ極端に狭い回路だけにしてしまったのである[26]」。

だが、この恩恵のみを強調する神の言葉の狭い回路が閉ざされると、世俗化は洪水のように西欧世界に押し寄せて来ることになった。こうして「近代の科学技術を連想するような、思想と行動の両面におけるシステマチックな合理的洞察に」侵され、「神は死んだ」と宣告され、「天使不在の天空が天文学者の干渉のなすがままとなり、ついには宇宙飛行士に明け渡された[27]」と説かれている。

4　世俗化現象の内実

次にバーガーが問題にしている世俗化の客観的な内実について考えてみたい。彼は『天使のうわさ』という著作においてプロテスタンティズムと世俗化の関連をいっそう詳細に考察している。そこでは世俗化現象の内実が「超自然の崩壊」という事実として指摘されている。超自然の崩壊という危機は、西洋文化内の各宗教集団の間にみられる伝統的な区分に応じて相違がみられる。とくにプロテスタンティズムはこの危機と共に最も長くかつ最も緊密に結びついて展開してきている。つまりそれは内部的な大変動としてこの危機を受け入れ、常に近代精神に開かれていたがゆえに、近代世界のはじまりにさいして重要な役割を果たしてきた[28]。この両者が共存している事実はシュライアーマッハーが『教養ある宗教蔑視者に対する宗教論』を最初に出版した一七九九年にまで遡れる。ここに宗教蔑視者というのは理性にのみ立脚する近代的な現世主義を受容しようとする人たちである。プロテスタント教会はそれと対決しながらも自己の思想を展開して来たが、この現世主義の方は第一次大戦に至るまで広がり、神学的自由主義が台頭してくることになった。この思想の決定的な関心は近代の世界観に基づいてキリスト教を新たに捉え直すことにあった。だが、そこに生じていた重要な事実は、キリスト教の伝統に存続していた超自然主義的要素を破壊したことであった。

バーガーはこの破壊の様相を次の三つの観点から捉えている。

①　伝統に対する相対主義　一般的な理解によれば世俗化の起源には科学的合理主義の発展とか、聖書宗教に潜む世俗化を推進する要素、また社会学的発想たとえば産業化、都市化、社会環境の多元化などの要因を数えあげることができる。しかし、伝統的な神学に対する自然科学の挑戦は比較的に温和なものであって、むしろ呪術からの解放である合理化のほうが重大な影響をもたらした。また歴史学は最初聖書の批判から始まり、聖書伝承のあらゆる要素が歴史的性格をもっているとの感覚を生み出し、宗教的伝承の神聖にして犯すべからざる諸要素を人為的なものとみなした。さらに心理学も、宗教とは人間のさまざまな欲求の投射にすぎないと示唆するようになった。こうして歴史学と心理学は協力して神学を相対化の渦巻の中にひきずりこんだ。このように合理化が行なった破壊は宗教の伝統として存在していた超自然的な要素に向けられていた。

②　宗教の多元主義　この相対化は宗教の多元主義を生みだし、プロテスタンティズムが受けた

世俗化の最初の挑戦はこの宗教の多元主義であった。「プロテスタンティズムこそ最初に諸宗派・諸信仰が平等に併立できる社会に適応した宗教であるが、この多元主義は世俗化に随伴する双子的現象としてとらえられるべきものである。そしてまたプロテスタント神学においてこそ、伝統的超自然主義に対する認知上の挑戦が最初にうけとめられ、これに対して闘いぬく努力が行なわれたのであった[29]」。

この多元主義は社会学によって提示されている今日の社会的な特質であって、社会的にいくつもの世界観があり得るという多元化は、プロテスタント宗教改革とそれに付随する教派分裂として示されている。この多元化にこそ宗教的伝統の妥当性が弱まった最も重要な原因があって、そこに宗教を選択する余地が増大したことになる。したがって宗教的信仰は、救いの確実性の段階から、単なる信念、意見、あるいは「宗教上の好み」といったレベルにまで、薄められてしまい、多元主義の状況は個人に選択を許すだけではなく、多様な選択を迫るものでもある。実際、先にも指摘したように「異端」の原語が「選択」である事実も意味深いものであって、多元主義は異端の可能性を前提としている[30]。

③　近代的世界観への翻訳の試み　この選択の結果として行なわれねばならない基本的な知的作業は、翻訳の作業である。これはかつてヘーゲルによって体系的に行なわれた試みであって世俗化現象として起こりうるものである。バーガーによると伝統的な宗教的信条は、新しい思考的枠組つまり近代の世界観に順応した枠組にふさわしい用語を用いて訳し直された。たとえばパウル・ティリッヒ

とルードルフ・ブルトマンの場合には、実存主義的な解釈が行なわれ、アメリカの「ラディカル」神学の場合にはユング心理学の亜流や言語哲学や俗うけのする社会学といったようなものが、翻訳達成のために用いられた。その結果、宗教的諸伝統における超自然的要素は、多かれ少なかれ完全に清算され、伝統的な用語も彼岸的対象よりも此岸的対象を説明するように変遷してきた。しかし、「時代精神と結婚するものは、すぐにやもめとなるはめになる」と言われているように、ハーヴィー・コックスの著書『世俗都市』（一九六五年）は近代の都市主義時代の到来を天啓として祝おうとわたしたちに呼びかけたが、それからほんの二、三年後には、この一種独特な「時宜にかなった」知恵の言葉は全く無視されてしまった。[31]

5　天使のうわさ

さらにバーガーの書物の表題『天使のうわさ』に関してもここで述べておきたい。彼によると歴史は人間が自分自身や現実を経験した記録を残しており、これまで「超越のしるし」と呼んださまざまな型の経験を含んでいる。それゆえ神学は、まず歴史的人間学と宗教史の方法によってこの種の経験を厳密にかつ実証的に分析することから開始しなければならない。そのさい歴史的人間学は宗教史に対して論理的に優先するばかりか、神学に対しても素材を提供している。神学はそれ自身実証科学の枠を超えるにしても、人間学が実証的に解明したものを素材として用い、そこに見られる人間経験の超越的意図を「深みをもった現実そのもの」として扱うことができる。

こうした人間経験の深みに見られる神的なものに満ちていた状態が退潮し始めたのは、世俗化の襲来が起こってからであって、世俗的な経験的世界がすべてを包み、超越的次元を閉ざしたからである。そのため人間は孤独な歩みを続け、神々と天使たちから遠ざかったのであり、天使たちが体現していた世界は消えていった。天使たちの消息は民話やおとぎ話また伝説やノスタルジアの中に朧な象徴として生きのびたにすぎない。ヨーロッパのある都市のスラムで働く一人の司祭が、なぜそのような仕事をしているのかと尋ねられたときに、次のように答えた、「私がこうすることによって、神様についてのうわさが全く消えてしまわないためです」と。この言葉は、超越のしるしが現代の状況の中でどのようになっているかをよく示している。それは「うわさ」、しかも、あまり芳しくないうわさである。これまでバーガーが述べてきたことは、天使たちについての書物ではないし、現実における神のしるしとしての神の使者の研究であるとしたら、せいぜい天使論序説にすぎず、「われわれは好むと好まざるとにかかわらず、超越がうわにさまで縮小された状況の中にいるのである」と彼は言う。しかし、超越的次元の発見は現実の知覚に対して開かれた態度を取り戻し、実存主義に影響された神学者たちが強調し過ぎている「悲劇の克服」だけではなく、さらに重要な「平凡性の克服」をもたらしてくれる。それによって経験の真の調和が再発見され、救済の喜劇的息抜きが与えられ、新しい満足をもって遊ぶことを可能にしてくれる[32]。

6　世俗化された人間の実体「故郷喪失者たち」

ピーター・バーガーは世俗化された社会に生きている人間のあり方をブリギッテ・バーガーとケルナーとの共著『故郷喪失者たち』（Homeless Mind: Modernization and Consciousness, 1973）の中で考察している。[33] それはかつてヴェーバーが近代の末人たちを「精神を欠いた専門人、心情なき享楽人」と呼んだのに等しい意味をもっている。この「故郷喪失者たち」は現代において顕著となった「社会的生活世界の複数化」から発生していると宗教社会学者は把握している。

バーガーによると「人間であるということは、一つの世界——つまり、秩序立てられた現実、生きることに意味を与えてくれる現実——の中に住むことを意味する。〈生活世界〉（Life-world）という言葉が伝えようとするのは、人間存在のこの根本的性格のことである」。[34] この生活世界は、起源的にも、その維持の点でも、社会的であって、それが人間生活に付与する意味秩序は、共同体的に形成されたのであり、共同体の合意によって維持されている。この人間学的に普遍的な事実は、人間社会のいかなる経験的事例にもあてはまっており、問題はただ近代社会の特殊性についてであるが、それは近代社会における「生活世界の複数性」（plurality of life-world）に求めることができる、と考えられている。

分業やその他の制度的分化の過程を通じて人間は生活世界の分化を経験してきたが、それでも一つの纏まった生活世界に生きてきた。そこには統合的な意味秩序があって、いわば『寄り添い合って』生きており、その統合的秩序は通常宗教的であった。家庭・職場・政治過程・祭礼への参加などのどれをとってみても、人はつねに同一の「世界」にいた。しかし近代社会の典型的な状況はこれとは非常に異なり、日常生活のそれぞれの部門は人を意味や経験の性質の多様でしばしば矛盾する諸世界に結びつける。近代の生活は一般にきわめて細分化し複数化している。「この複数化の根本的特徴は、私的領域と公的領域への二分化ということである」。つまり近代社会の人間は一般に私生活の領域と、さまざまな役割を通して関係する巨大な公的制度の領域との鋭い二重性に生きている。しかも複数化現象がこれら二つの領域の内部でも起こっており、たとえばテクノロジカルな産業の領域と統治的官僚機構の領域のように分化し、両者の間を渡り歩くようになっている[35]。

この結果一生の過ごし方が固定せず、未決定となっており、選択肢が多様となっている。それは一面において自由の感覚を与えているが、他面においては挫折の可能性を高めている。なかでも、近代のアイデンティティは、「異様に個人中心的」(peculiarly individuated) である。個人の自由・個人の自立・個人の権利は当然視されている[36]。

この生活世界の複数化現象は、宗教の領域に非常に大きな影響を及ぼしている。バーガーによると「歴史を通して宗教は、社会の意味の統一のためのすべてのシンボルを覆う包含的な天蓋を提供する、決定的な役割をはたしてきた[37]」。それゆえ宗教的な信念は人間に働きかけて人類の生活を宇宙全体に関連づける総合的な現実解釈を与えてきた。だから宗教社会学的には宗教とは宇宙の中で人間が「安住感」を得ることを可能にしてくれる認知構造もしくは規範構造であるといえよう。この太古からの宗教機能は複数化現象によって深刻な脅威にさらされている。というのは今日社会生活のそれぞれの部門が互いに異なった意味や意味体系によって支配されるようになったため、宗教がこの複数の生活世界を統合して一つの世界観にまとめることが困難になっているからである。さらに個人の主観的意識の中で宗教の信憑性が著しくおびやかされている。

こうして複数化は世俗化へ向かわせる効果を発揮し、社会と個人に対する宗教の威力を弱めている。世俗化によって宗教はとくに公的領域では次々と領土を取りあげられ、私的な意味の表現として延命しているに過ぎない。つまり生誕・結婚・死などの私生活において古来の宗教的儀礼が利用されているに過ぎなくなっている。しかもこの利用の仕方そのものが複数化現象の形態をとるようになり、カトリックとして幼児洗礼を受け、プロテスタントの礼拝により結婚し、禅宗の仏教徒として葬式をすることが起こっている。この複数化の圧力は、宗教的意味が個人の意識の中で占めていた地位を下落させ、宗教は社会的な重要性と確証とを失い、ただ個人による選択の問題となった。もちろん選択にはパスカルの「賭け」やキルケゴールの「飛躍」のもっている実存的な意味が認められるとしても、そこに宗教的な真剣さが欠如すると単なる「宗教上の好み」というきわめて個人的な理由しか残らない。そこからいわば「改宗を重ねる傾向」も生まれてくる。したがって「個人のアイデンティティが、社会の中での彼の生活歴上の根本的変動に左右されやすいように、窮極的な現実規定に対する彼の関係も、それに左右されやすい[38]」といわれる。

確かにドストエフスキイの大審問官が主張したように、神秘・魔術・権威という非合理的要素が人間の宗教性にとって必要であったが、近代的合理化は「呪術からの解放」によって宗教の信憑性を下落させた。この合理化をもたらした近代科学と科学技術に対して複数化現象のもつ世俗化的効果が協力することになった。「これらすべての過程の最終結果は、きわめて簡単に要約することができる（簡単さは人を欺きやすいにもかかわらず）。すなわち、近代人は深まりゆく〈安住の地の喪失〉(homelessness) 状態に苦しんでいる、ということである[39]」。

7　現代の不満現象から考察した「安住の地の喪失」の諸段階

近代の制度的機構によって生み出される不満や反動としての産物およびそれが布置されている制度の運動法則を検討してみよう[40]。

①「合理化」がもたらした不満　第一に、工業化された経済体制によって直接間接に生み出される不満がある。もっとも一般的には、それはマックス・ヴェーバーが「合理化」と呼んだものによって生み出される不満である。近代的テクノロジーに本来的に付随する合理性は、抑制・制限・葛藤などの形で、個人の活動と意識に侵入する。あらゆる種類の非合理的衝動は、徐々に管理の下におか

れる。その結果は、フロイトのいう「抑圧」によって意味深くも適切に表現されるような、相当な心理的緊張である。人は、自らの感情生活の「管理」を強いられ、近代的テクノロジーの技術者的エートスがそれにとって代わる。しかしながら、これから生まれる不満は、さらに範囲が広い。さらに近代の工業生産は、社会関係の領域に匿名性をもたらす。一般に寄木細工性と呼ばれているもの、それは、近代的テクノロジーが物的対象を取り扱う方法に内在的に関連しているのであるが、個人の他者に対する関係のみならず、究極的には自己との関係にまで波及する。この匿名性は、不断にアノミー（欲求の無規制）の脅威をもたらす。個人は、仕事の領域における無意味さばかりではなく、他者とかかわり合う生活上のさまざまの部門における意味の喪失にも、おびやかされる。工業化された経済体制の複雑性と普遍性そのものが、個人にとって、社会的関係をますます不明瞭なものにする。制度的連関全体は、とらえがたいものとなる。個人の日常生活の体験においてさえ、他の人間は、とらえがたい権力や集団の代理人に見えてくる。そのうえ人は、あたかも受け取ることのできないほどたくさんのボールが同時に空から落ちて来る時のような状態に、つねに置かれている。つまり、アメリカのいい古された慣用句でいえば、彼は四六時中「よりどりみどりで迷ってしまう」。このような多相関的な近代世界の複雑性は、個人の活動のみならず意識のすべての標準的過程に緊張をもたらす。日常生活を秩序立てる（そしてそれによって社会的相互作用の場として可能になっている）形式や解釈図式は、複雑で変動きわまりない要請に次々と応じなければならない。そこでさらに、緊張・葛藤、なおひどい場合は他者からの疎外感が生じる。

②「官僚制化」のもたらした不満　主要諸制度の官僚制化によってもたらされる不満は、今述べた不満と非常に似かよっている。しかし、官僚制化が社会生活のほとんどあらゆる領域に影響を及ぼしたという簡単な理由によって、この不満はさらに規模が大きい。なるほど、工業生産の提供する財やサーヴィスもまた日常生活に浸透する。だがそれらの多くは、その性格を直接変化させることなく、さまざまな社会的文脈へ、組み込まれてしまうことができる。たとえば、あるチベットの仏教の僧侶の集団は、アメリカに移住した場合、電気カミソリを、それによって仲間うちの社会関係を変化させることなく、使い始めることができる。しかし、もしこの僧院的共同体がその社会過程を官僚制化し始めたら、その社会生活の網の目そのものが、ほとんどただちに変化するだろう。人は、少なくとも社会生活に関するかぎり、工業生産よりは官僚制によってはるかに効果的に、「包囲されている」のである。したがって、官僚制に関する不満は、工業生産のもたらす不満に似たものではあるが、個人は、後者よりも前者によってよりしばしば被害をこうむるのである。

③政治の領域における不満　官僚制の主要な、もっとも強力なありかは統治の領域であり、不満がもっとも顕著に現われるのはこの分野である。高度産業社会では（その特定のイデオロギーや制度的性格に一見関係なく）、人々はその政体やシンボルからの疎外感をますますもつようになった。政治面での生活は、国民の多くの階層にとって、匿名的でとらえがたいアノミー的なものになった。

とはいえ、官僚制にともなう不満に関する分析を政治の分野だけに限ることは、誤りであろう。それはもっと普遍的なものである。近代社会のすべての主要な公共的制度は、「抽象的」になった。すなわち、これらの制度は、個人のいきいきとした体験の中で具体化しうるような意味をほとんどともなわない、形式的で迂遠な存在と感じられる。

④　社会的生活世界の複数化によってもたらされる不満　一般にこれらの不満は、「安住の地の喪失」(homelessness) という標題で包含することができる。近代社会の複数化的構造は、ますます多くの人々の生活を、渡り鳥的で変化の絶え間ない動的なものにした。日常生活において、近代の人間は、非常に差異のある、しばしば相矛盾する社会的文脈の間で、絶えず変身を行なっている。生活歴という時間的関係から見ても、多様な社会的世界の間を次々と移動している。近代社会のますます多くの人間が、その生まれたときの社会的環境から根こそぎにされているばかりではなく、そのうえ、その後に続くどの環境も、真の「安住の地」となることに成功しない。さきにも述べたように、重要なことは、この外面的な移動性が、意識のレベルにも親和性をもつということである。あらゆるものがつねに動いているような世界では、いかなる種類の確実性に巡りあうことも困難である。社会的移動性は、認識上の移動性や規範上の移動性に親和する。個人の社会的生活のある文脈で真実とされるものが、他の文脈では誤りとされるかも知れない。個人の社会的経歴のある段階であったものが、次の段階で誤りとなる。このような布置連関の生み出すアノミーの脅威は、再びまことにきわめて厳し

いものである。

⑤　宗教の分野における不満と弁神論の挫折　近代的な社会生活における「安住の地の喪失」という事実は、宗教の分野においてもっとも荒涼とした様相を現わした。近代社会における日常生活の複数化と生活歴の複数化によってもたらされた、認知上および規範上の一般的な不確定性は、宗教の信憑性を深刻な危機に陥し入れた。太古からの宗教の機能——人間の危急の事態の真っ只で究極的確信を得させてくれるという——は、激しくゆさぶられている。近代社会における宗教の危機のゆえに、社会的な意味での「安住の地の喪失」は、さらに形而上学的になった。つまりそれは宇宙の中での「安住の地の喪失」となったのである。これに耐えるのは非常に困難である。ヴェーバーが「弁神論」(theodicy) と呼んだ古代の宗教の機能を考えるならば、問題はきわめてはっきりしてくる。弁神論とは、人間の悩み苦しみの体験に意味を与える釈明のことである。人間のほとんどの歴史を通じて、宗教はそのような「弁神論」を提供してきた。自然のもたらしたものであれ社会のもたらしたものであれ、人間のもっとも耐え難い体験に対してさえも、宗教は、さまざまに意味づけをしてきた。近代社会は宗教的弁神論の信憑性をおびやかしておきながら、弁神論を必要とするような人間の不幸な体験を完全に取り除いたわけではなかった。人は相変わらず病苦や死に打ちのめされ、社会的不正や収奪に苦しんでいる。近代に勃興したさまざまな世俗の信条やイデオロギーは、どういうわけか、満足のゆく弁神論を提供することに失敗している。それに加えて近代性に課されているもう一つの重荷を

理解しなければならない。近代性は、影響力の大きいたくさんの変革を成し遂げたが、人間のおかれた条件の有限性・脆弱性・必滅性を根本から変えてしまったわけではない。近代が達成したことは、人間のそのような不幸に耐えることを少しは楽にしていたそれまでの現実な試みを、きわめて弱体化したということである。これは、そのこと自体の苦痛を生むとともに、すでに述べたようなその他の不満に、いっそうの緊急性と深刻さを高めるものである。

第三節　ウイルソンの世俗化論

次に、同じく宗教社会学に属しながらも伝統的な宗教から新しい諸分派（セクト）に研究の視点を変えて、変貌しつつある現代の宗教的な状況を明確に捉えようと努めているいくつかの研究に注目してみたい。その中でもウイルソンの研究『現代宗教の変容』（一九七六年）を手がかりに考察してみよう。第二次世界大戦の最中、反ヒットラー闘争で処刑されたボンヘッファーの後期の思想が世俗化のプロセスを認めた上で世俗化した人間の問題に積極的に関わっていた。彼によるとキリストは教会のかしらであるのみならず、世界の主であり、神なき世俗の主でもある。そこから彼は「成人せる世界」、「深いこの世性」、「抵抗と信従」という注目すべき観点を鮮明にし、そこからキリスト者の新しい生き方を説いた。時代の変化に敏感なこうした傾向はとくにアメリカにおいて顕著に現われ、伝統的な教会からセクトへの道を聞いたのである。

1　時代の急激な変化と宗教変容

ウイルソンはこうした時代の急激な変化について次のように語っている。

「宗教が変化しなかった時代はおそらく今までになかったが、現在の宗教変容は種類、程度、速度において人間の歴史上かつてなかったものである。過去における変化はしばしばゆっくりとしたものであったし、ごくわずかで人目につかないような場合もあった。しかし、この一〇年から二〇年間に起こった変化は非常に強烈で、しかも到る所で起こっている。比較的最近まで、人間と社会は過去を志向していた。過去は現在のために先例を提供するものであり、富、知恵、道徳、風俗、秩序観などは過去からもたらされるものと考えられていた。歴史を学ぶことが、公務に従事するような人々には特に必要な最も教養に満ちた教育と考えられてきた。しかし過去数十年間に、とりわけこの二〇年の間に、そのような傾向は全く変化した。われわれはもはや過去ではなく、現在と未来を志向している。意識的で入念な計画、長期にわたる投資、社会秩序の確立——それはかつてはある意味で、〈自然〉に〈与えられるもの〉、もしくは〈神からの授かりもの〉と考えられていた——への試み等がますます比重を増していく社会は、今や未来に深くかかわりあっている。公共福祉に従事する人々にとっては、現在では、歴史を学ぶことより社会科学の知識を獲得した方が有益であると考えられている。われわれは先例や過去の知恵を求める代わりに、確実な予言を求めているのである。これまでの人間の歴史において人々は、自分の父親がさまざまな状況に直面してどう行動したかといつも問いかけてきた。しかし、われわれはそのように問う代わりに、父親の道徳的知恵は彼の技術的知識と同様に時代遅れになっていると考えるのである」[41]。

キリスト教の信仰も他の聖典宗教（literate religions）と同じく、ある歴史意識に根ざしており、過去を強調し、神の意志が今も働いているという理念をイデオロギー的に表現している。したがって信仰の真理は時代を超えて不変なものであり、それらは過去・現在・未来にわたって妥当すると考えられている。しかし「現代社会は先例と過去の教訓を見捨て、それらを、現代社会にはもはや無関係のものとみなすようになった。その結果、社会における宗教の役割と位置は極端に低下したのである。現代人の未来志向は、信仰の制度である教会と一般の人々の信仰の内容との両方に影響を及ぼした」[42]。

こうして西欧世界ではキリスト教信仰が極度に衰退し、宗教、特に伝統的な形態における宗教は、社会的な意義をますます喪失してきた。現代人には宗教的啓示や超自然的なものに対する信念はなくなっている。現代の合理化された社会においては、聖なるものが働く余地はほとんど残されていない。実際、合理的に構築された現代社会では技術的基盤、電化製品、コンピューター、インターネット、レーザー光線、機械装置などが人間の活動領域をかつてなかった程に拡大し、組織している。このような状況で超自然的なものが介入する余地はどこにもないがゆえに、たとえ宗教は存続したとしても、個人的信念や家族生活という合理的世界とは別の領域に狭められている、と彼は説いている。

2 世俗化はいつの時代にもあった

彼によると、世俗化には長い歴史があることを無視して、以前に「信仰の時代」(an age of faith) が存在し、現代人はそれを捨ててしまったという「世俗化」の仮説があるという。そこで彼はピーター・ラスレット (Peter Laslett) 等によって次のように言われるようなキリスト教信仰の時代は存在しなかったと主張する。「われわれの先祖は皆どんな時代にあっても、文字通りのキリスト教徒であった。……もちろん、すべての人が同様に敬虔であったわけではなく、この村人は誰も信仰に疑いをもったことはないと考えるのは単純すぎるであろう。かれらの献身の多くは形式的なものであったに違いないし、単に大勢に順応したにすぎなかったこともあろう。しかし、かれらの住んでいた世界はキリスト教世界であり、かれらの宗教活動も強制されたものではなく、自発的なものであった(43)」。

ウイルソンによるとキリスト教徒が一般に「信仰の時代」と考えている時代、例えばインノケンティウス三世の時代には、社会に対する教会の支配の神格化がなされていた。そこには統一された信仰があったのではなく、社会の枠組を支配する教会権威によって信仰や秩序が少なくとも公的生活については強要されていた。教会は社会の道徳上の枠組を管理したばかりでなく、政治的、法律的、商業的、そして社会的な交流の公的な過程をも支配していた。そのような時代を「信仰の時代」と呼ぶのはおそらく誤りであって、それは単に社会秩序が宗教的に規定された時代と呼ぶべきであろう、と彼は言う(44)。

キリスト教が制度化された時代にも単一の「信仰の時代」ではなく、さまざまな信仰が存在し、併存していたが、そのことだけでも世俗化が進展していることを示している。しかし、世俗化は呪術的なものを排除するピューリタニズムの精神において絶頂に達したのである。呪術の世界がピューリタンの神の完全なる超越性の主張によって最終的に尊重されなくなったとき、残ったのはこの世に対する合理的、経験的な態度であった。神は遠ざかり、人間がこの世の中心となった。ピューリタニズムは人間の行動とそれに対する神の計画との間の関係をより間接的なものと定めた(45)。

今日においては近代の主観性がいっそう進み、ウイルソンによると「任意性と主観性」が現代文化を構成する強力な要素となっており、内的感覚が知性的知識よりも真実であると考えられるようになった。感情と、それを刺激し表現する手段は、合衆国の黒人のような下層階級の集団や十分な権利を与えられていない少数者からしばしばもたらされるが、それらは現在の若者文化、学生文化、娯楽文化においては人気を博している。こうして「宗教が以前もっていた多くの機能、特に社会統制の機能を失い、また公的生活の主要な領域から一様に分離したことによって、新しいパターンの宗教的実践への道が開けた。宗教はすべての古くからの諸関係を棄て去り、国家とも、また国教制とも、もしくはわれわれの生活の大部分を完全に巻き込んでいる社会体系とも、結合を完全に断ったのである。このような展開はイギリスに限られたものではない。実際、現存する社会秩序と全く関連のない新しい宗教運動の発展現象が世界中に見られ、それらは信徒たちに既成の宗教が与える約束よりはるかに素晴しい約束を与えている」[46]。ここから新しい宗教組織であるセクト運動が起こってくる。その代表的な事例はコックスによって試みられた礼拝に見られる。

3　新しい宗教としてのセクト運動と世俗化的人間の宗教

新しい宗教組織であるセクト運動の代表的な事例をウイルソンはコックスの中に捉えている。彼はバプテスト派の牧師でハーバード大学の助教授であったが、組織的規制を許さない新しい折衷主義とエキュメニズムに基づいてあらゆる種類の儀式が同時に行なわれるグローバルな宗教共同体を主唱して、二千人ほどの会衆を集めたイースターの儀式を実行した。その目的は人間解放であった。この人間解放の儀式の中にキリスト教伝来の礼拝式や音楽また踊りなどがもち込まれた。その際、これまでの人生で一度もダンスをしたことがなかった人々が、腕を広げ脚や体を曲げて踊っていた。人々はまたヒンドゥー教の真言であるオムを詠唱し、そして聖餐を参加者相互が相手に食べさせる儀礼を行なった。平和のキスは「頬にする分別くさい軽いキスとは全く異なるものであった」。最後に、ビートルズが歌う「太陽が昇る」（Here comes the sun.）のレコードとともに人々は争って戸外に出て、歌に唱和しながら、日の出をたたえようとした。

このカルト的要素を秘めたセクトの運動についてウイルソンは次のように語っている。「このような出来事が他にどんなことを表わしていようと、これまで受容してきたキリスト教的伝統という魔術からの解放を示していることは明らかである。キリスト教的伝統は明らかに不十分なものとみなされ、それればかりではなく、解放による救済を求める人々に対する障害物とさえみなされている。この実験的礼拝式ではエキゾティックな安っぽい飾りものが、それが本来もつ文化的意義と切り離されて、浮かれ騒ぎにきらびやかさを添えるためにのみ必要とされた。そうした奇抜なシンボルは、それらが神聖な価値を伝達する性格を有しているために必要とされたのではなく、あまりにも多くのものを短時間で気軽に味わったために麻痺してしまった感覚を刺激するものとして用いられたのである。それらのシンボルが何を表わしているのか、文化や人間生活にとって何が不可欠なもので、何を選択すべきかといった点についての確実な知識も自覚もなしに、現代人はあらゆるものを要求する。現代の情報技術は新しい礼拝式という大市場を生み出し、そこからあらゆる形の事物や用語が無頓着かつ不注意にもたらされた。そして、それは蓄積されてきた過去の文化についてのわれわれの愛着を表現するためにではなく、単に何人かの人々が一、二時間高揚した気分になるために作り出されたのであった。もちろん、エクスタシーは宗教的伝統の一要素ではある。しかし、それは決して長い期間にわたって強力な影響力を行使しうるものではない。瞬間的エクスタシーは栄光ある人生へと変容して初めて影響力をもつのである」[47]。

ウイルソンは世俗化が伝統的な宗教に対する重大な挑戦であるにしても、新しいセクトやカルトの運動の中には「宗教復興」の意味が隠されていると考えている。そこには伝統的宗教の無意味さと、自由に「個人が選択する宗教」の姿があって、社会的には何も貢献しないけれども、新しい宗教の形態には違いない。昔の宗教復興は社会に重大な結果をもたらした。新しいカルトは各個人を社会の外部に連れ出し、全く外来の信念や実践に基づく知恵によって救済しようとしている。

こうした新しい宗教運動と世俗化の関連に関してウイルソンは結論的に次のように述べている。「世俗化と新しい諸カルトの出現の原因は、今日の社会状況の中に見出しうる。この二つの現象は社会変動の他の局面と関連している。世俗化は地域共同体の衰退、社会的流動性の増大、そして役割関係の非人間性とに密接に関連している。……これらの多様な現象の背後にはすべて、真実味のある体験、直接性、自発性、そして即時性への要求が存在する。これらの行動のパターンの現実的意義がどんなに不明瞭で判断しがたいものであるとしても、それらは反形式主義、反構造主義を表し、内面の束縛を拒否し、外部からの強制力を破壊しようとする努力を表している」[48]。こうした傾向が顕著に示している現実をわたしたちは直視しなければならない。しかし、彼とは別の観点もあるので、その対極に位置すると言われるルックマンの主張を次に扱ってみたい。

第四節　ルックマンの世俗化論

トーマス・ルックマン（一九二七年―）はアメリカのニュー・スクール・フォア・ソーシアル・リサーチでバーガーと共に学び、教壇に立ったこともあってか、バーガーとの共著『日常世界の構成』（一九六六年）を出版し、知識社会学の確立に貢献している。二人は宗教社会学の分野においても活躍し、ルックマンは『見えない宗教』（一九六七年）を出版し、世俗化問題を扱い、積極的な提言を行なっている。

1　現代の宗教社会学における問題点

ルックマンは宗教社会学の観点から現代の宗教を解明し、高度に制度化の進んだ社会における宗教の形態をラディカルに個人化された「見えない宗教」として把握している。彼によると「現代は個人の存在の自律性が問われている時代である」。というのは社会が高度に組織化されたため、一枚岩的になった社会が多くの領域で個性の自由な発動を抑圧しており、不安が高まっているからである。つまり一方において社会の組織化が進行し、他方において個人のラディカルな個人化が深まった結果、個人と社会秩序との関係に根本的な変化が生じたと考えられる。これこそ世俗化の問題に他ならない。

そのさい彼はバーガーと同じく個人と社会との関係を弁証法的に把握しながら、社会秩序のなかで個人の配置に根本的な変化がどのように起こったかを検証し、ここから「社会秩序内の個人の再配置」を問題としている。

宗教社会学の伝統においてデュルケムとヴェーバーは現代社会における個人の運命に深い関心をもち、宗教の研究によって社会における個人の配置を解読する鍵を求めていた。デュルケムにとって象徴的実在である宗教が集合表象の中核であって、宗教は社会的事実として個人を超越し、社会統合ならびに社会秩序の連続性の条件である。この客体的事実が個人によって内面化されることが、人間を社会的で、道徳的な真正の人間にする唯一の道である。一方、ヴェーバーは、個人化の社会的条件をより特定の視角から問題とし、それをそれぞれの宗教の歴史的文脈およびその宗教の歴史的社会との関係のなかに求める。しかしながら、現代社会における個人の問題についてはヴェーバーもデュルケムも、それを直接的に現代世界の世俗化と結びつけた。そこには社会における個人の存在の問題が宗教問題に他ならないという認識があって、それによって彼らは現代の社会構造における個人の運命を理解しようとした[49]。このような宗教社会学的な理解に立ってルックマンは世俗化の問題を扱っている。

しかるに今日の宗教社会学は教会と宗教とを同一視し、制度上の分析技術を単純に宗教研究に適用したので、研究の対象がもっぱら教区や集会に集中しており、宗教は教会の管理的組織の点でその研究対象となっている。したがって最近の多くの宗教社会学は「教区社会学」にすぎなくなっている、と彼は批判している。[50] 教区社会学で盛んに用いられる統計は教会出席率である。もちろん教会出席率は外面的な事実を提示しているが、個人の内面世界の全体像の中で教会出席率を教会を志向する宗教意識に直接結びつけるのは問題である。表面的な教会への出席指数を教会を志向する宗教意識の主要指数と即断することは許されるはずがない。それゆえ新しい宗教社会学がもっぱら教会を志向する宗教意識と関わりをもっていることは明らかであっても、宗教意識を分析し解釈するに当たって、それが有効な理論的方法や手段をもっているかどうかきわめて疑わしい。さらに「超越的」、超秩序的で「統合的」な意味構造がどのような条件の下で社会的に客体化されるのかという宗教社会学本来の中心問題も無視されている。このように彼は最近の宗教社会学に対して批判の目を向けている。[51]

2　有機体としての生物を超越する人間の特質と宗教現象

ルックマンによると「有機体としての人間の意識の個性化は社会過程を通してのみ実現される」。人間の特質は単なる動物と異なって直接的な経験から距離を置くデタッチメントに求められるが、それは他者と邂逅し、対面する状況のなかで生じる。この状況によって意識の個性化が導き出され、世界に関わる解釈図式と意味体系とが作り出される。そこから倫理的生き方と良心の形成もなされる。だから「有機体はそれ自体では単に〈意味を欠如した〉主観的過程の担い手にすぎないのだが、他者とともにあることによって、はじめて自己となり〈客観的〉倫理的な意味宇宙を構成する。かくして、有機体はその生物学的性格を超越する」[52]と言われる。この超越の場に宗教現象も起こり、それは本質的に自己と社会との機能的関係に根ざしているがゆえに、宗教は自己形成へと導く社会過程に属している。したがって社会化は根本的に宗教化でもある。人間は真空の場所に生をうけているのではなく、経験的な意味世界のなかに生まれる。ということは、有機体としての人間が生物学的性質を超越するのは、通常、歴史的に与えられた意味世界の内面化によってであって、自分の力で意味世界を形成することによるのではない。この意味世界は「歴史的社会的秩序が生み出す意味形態（一つの時代・一つの社会が作り出すパターン化された意味世界）」としての「世界観」であって、これは有機体としての人間の意識と個性化によって内在化される。この世界観を「聖なるコスモス」に置き換えれば宗教が成立するがゆえに、宗教の「人間学的普遍的条件」は、個人が具体的な他者つまり父や母といった他の自己と向き合っている具体的な社会化過程をとおして、聖なるものを自己のものとする点にある。[53]

この世界観や後述する聖なるコスモスは社会的規制を通じて個人の行動に間接的な「外からの」影響を与え、個人にとっての主観的（つまり内在的）実在であるとともに、個人にとっての客観的歴史的（つまり超越的）実在でもある。したがって宗教を含めた世界観にはさまざまなレヴェルの類型や解釈図式あるいは行動様式が内包されており、ありふれた事象や日常の出来事に関係していても、その全体像において意味をひとまとめにする母体として歴史的文脈を生み出し、この文脈のなかでこそ人間はアイデンティティを形成し、生物学的本性を超越する。ここに世界観の意味がある。ここに個人と社会との弁証法的理解が表明されており、それは同時に人間学的な解釈であるといえよう。

3　聖なるコスモスと俗なる世界

ルックマンはデュルケムの宗教社会学の伝統にしたがって宗教の聖なる世界を俗なる世界と対立的に立てている。日常生活の世界では「実在」は具体的で自明のもので「俗的」である。しかしながら、日常生活が「究極的な関わり」（ティリッヒ）をもつに至る意味世界は、具体的でもなく、自明のものでもない。この領域の「実在」は多彩な形で自己を表出し、日常的人間の心の内側に部分的に受けとめられるにすぎない。それは日常生活の世界を超越する「異質なもの」「秘義的なもの」として経験される。したがって日常生活の特質がその「俗性」にあるとすれば、超越的領域を定義づける特質は「聖性」である。

日常生活が突破される経験には天災による絶望とか死または不安や脱自経験などがあって、それは聖なる領域の実在が直接顕現したものとして理解される。こうして日常生活の究極的意味や非日常的経験の意味が「異質的な聖なる」実在の領域に位置づけられる。この俗なる領域と聖なる領域とは分離されていても、ある意味では互いに結びついており、二つの領域が現代社会のように不明確な場合でも、またアニミズム・トーテミズム・終末観の体系のように密接にからみ合っている場合にもあてはまる。

したがって聖なるコスモスはつねに何らかの形を借りて俗なる世界のなかに自己を顕示し、日常生活の世界のなかで超越的領域を造り出している。たとえば具体的な目にみえる形での飛地（聖堂・神殿・神社・仏閣など）を作って自己を表出するし、言語や聖画像などが元来は表現不可能のものを表現している。また聖なるコスモスは宗教行事によっても表出され、たとえば儀礼行動として犠牲・通過儀礼・葬儀などは究極的な意味を表現している。なお聖なるコスモスの言語による分節化は、いわゆる言語の象徴的機能によって行なわれ、事象の人格化、神の名辞の形成、隠喩的置換による「異質的」実在の構成がなされる。またもっとも巧みに客体化された形が、聖暦や聖地であり、社会集団の聖なる伝統が作り出す儀礼規則である。さらに聖なるコスモスが祭り・舞踏・神話・伝説・叙事詩・ドラマなどによって示されるとき、社会生活や個人生活の宗教的主題が濃縮した形で表現されている。

このような聖なるコスモスは世界観によって権威あるものとされ、個人の生活に意味を与える。世界観には社会の全体を統合する機能があって、それによって個人の宗教的意識が育まれる。聖なるコスモスの超越性がさまざまな形をとおして示され、俗世界に結びついているように、世界観の普遍的な超越性は社会的に作用して主観的な意識の流れと交わる(54)。

4　個人の宗教意識と教会志向型宗教

これまでの学説によっても明らかなようにルックマンは教派にとらわれることなく、宗教の人間学的条件を考察し、宗教意識の成立過程を分析することによって次の三つの要素を指摘した。①宗教の根源は人間学上の基本的事実にあって、まずそれは人間が生物学的性質を超越する点に求められる。②この超越を達成するには対面状況の相互関係が必要であって、聖なるものに向かう超越は社会過程を通じてなされる。③社会過程は客観的世界観を構築しており、世界観によって聖なるコスモスが分与され、宗教を制度として特殊化している。これを要約すれば、宗教が個人に現象してくるのは社会過程によるのであり、宗教は社会的な邂逅と対話を通して形成される「間主観性を母体とする意識」と「良心の個性化」において成り立つことになる。

そこで問題となるのは個人の宗教意識と制度化した教会との関係である。ルックマンは制度化した教会が今日世俗化のゆえに無意味となっていて、宗教が個人の領域にしか生きていないと分析している。彼の主張によると、個人は生物学的性質を超越する実体として造られているとはいえ、自分で世界観や聖なるコスモスを創出する創造的な超越的行為をするのではなく、世界観や聖なるコスモスがあらかじめ宗教の社会的形態によって個人に用意されている。こうした状況の下に個人は生まれてきている。したがって歴史的個体の意識と良心の個性化は、社会的形態である歴史的宗教の一つによって客観的に決定されていることになる。(55)

それゆえ宗教は実定的な世界宗教として制度的な特殊化を伴った形態において与えられている。実定化した宗教では社会的形態である教会によって宗教は人々に伝達される。つまり個人は宗教が一貫した意味体系を作り上げている状況の中に予め置かれている。ここにルックマンの説く「教会志向型宗教」が成立している。この見解は優れているので彼の説くところを引用してみよう。

「この意味体系〔宗教的世界観〕は、誰もが宗教的と認めている象徴的実在と結んでおり、宗教的属性が明確に刻み込まれている人間や建物あるいは行動などによって社会に表出している。個人の宗教意識は必然的に既成の〈公式な〉宗教的モデルにより決定され形成される。しかし〈公式〉モデルがどの程度まで個人の宗教意識の発展を束縛するかは、かならずしも一定していない。だが、世俗化が始まるに先立ち、まず、標準的な社会化過程が、個人の宗教意識を教会志向型の宗教意識にそって導いていく。それゆえ、かかる社会の一般成員にとっては、〈究極的な〉意味の問題とは、〈公式〉モデルにのっとり、専門化した宗教制度が宗教的なるものと名指している事柄に他ならない。かくして、個人の宗教意識は、歴史的教会によって具体的に鋳型される。聖なるコスモスは教理の形式をとり、聖典や注解書で成文化される。教理は公式の専門家集団により一般信者を拘束する形で伝達され解釈される。直接聖なるコスモスと関係する行為はすべて典礼のなかに固定され、典礼は有資格者である専門家により、あるいは彼らの監督と指導の下に行なわれる。さらに、教会は歴史上の諸制度と同じく、自己の流儀にかなった概念にもとづいて伝統を発展させ、教会行政にともなう官僚組織と権力エリートの利益を保護する。このような伝統は、実際は、聖なるコスモスとはほとんど無関係のものであるが、教会的団体は伝統を合法化できる有利な立場に身をおいて、聖なるコスモスの〈論理〉と一致しているという口実をつける。無論、これは彼らの側からの解釈にすぎないのだが。宗教は輪郭をもった明白な社会的実体となり、教祖・預言者・聖典・神学者・儀礼、さらに、建築物・日曜学校・スポンサー・教会税徴収人・聖職者の妻・教会使用人をかかえたものとなる[56]」。

この説明の中でも重要な分析は個人と社会との弁証法的関係である。それは意識と良心の個性化過程に内在しており、宗教の人間学的条件はまさにそのなかに求められている。この個性化過程では普遍的な世界観によって「超越的」な意味の秩序である聖なるコスモスを形成することがなされる。また世界観が各人に定着すると、それは個人のアイデンティティの基礎である内面化された意味体系となる。それゆえ聖なるコスモスは宗教の特殊な社会的形態へと拡散していき、世界観の確立から宗教の制度化に至るまで、さまざまの形態を作り出している。だが他方、聖なるコスモスの働きに対応する主観は、個人の「究極的」意味を形成するという形で宗教表象を内的に取り入れる。しかし、「教会志向型の宗教意識」と呼ばれる形態には教義によって造られる宗教の「公式」モデルが見出される[57]。これが世俗化と関連して問題になっている。

5 「世俗化」の原因

宗教を社会と個人の弁証法的プロセスから解明するルックマンは世俗化も同様な観点から捉えている。彼によるとそこには「複合的な過程」が起こっていて、世俗化はキリスト教の伝統的形態の衰退に現われている現象であるにしても、それを単純に世俗主義者のイデオロギーや無神論、さらに新しい異教などの責任に帰することはできない。現代の教会宗教が社会の周辺に追いやられて、世俗化の洗礼を受けた過程は複雑であり、宗教の制度的特殊化が長期間にわたって起こったことや社会秩序が全世界的な規模で変化したことが決定的な役割を演じている。またそこから彼は預言者的な目をもって「革命的な変化のきざし」、つまり、「宗教の制度的特殊化と宗教の新しい社会形態との交替」があるのかもしれないと主張している。それゆえ伝統的宗教制度の規範は現代社会における宗教を評価する尺度とはなりえなくなっていると説かれ、そこに提示されていた「公式」モデルは少なくとも通用しなくなっていると批判している[58]。

世俗化を引き起こした原因は「世俗化の種子」とも言われる。それは「公式」モデルと個人の宗教意識との乖離であって、この種子は中世末期までは存在していても発芽しなかったが、一六世紀以来の社会秩序の変動によって日常生活と選別能力とが変化し、宗教意識は承認されていた「公式モデル」との矛盾を深めるに至った。ルネサンスの反モデルとの調停が宗教改革の時代に行なわれたが、この矛盾を克服できなかった。これに加えて絶対主義時代の教会と国家の関係、「宗教戦争」の政治的社会的脈絡、セクトの増殖、科学思想の展開とそれが哲学や民衆の生活観・宇宙観への影響、フランス革命、産業革命の社会的所産と労働者階級の台頭、イデオロギー志向型の政党の発生、聖書批評学とそれの神学への影響などがキリスト教会をゆり動かした巨大な要因であった。これだけでもあまりに単純すぎるが、一般的に言って世俗思想が教会との競争に勝ち、それが個人の「究極的」意味体系を決定するようになった。さらに近代以来起こった社会変動によって生活や選別能力に根本的変革が起こったため、伝統的な「公式」モデルは棄てられ、宗教が「わたしの事柄」に変貌している。「教会の所有する富・権力・行政手腕にもかかわらず、宗教はわたしの事柄になった。これは事実上、教会が自己の支配権を強弁するために国家に依存できなくなったことを意味する。教会は、他の諸制度と並ぶ一つの制度となった。教会の主張や関心は、〈教会固有の〉領域に制限された。〈固有の〉領域とはいっても、それは私の生活の領域であった。教会が公けの立場を与えられたのはせいぜいのところ、国家を支持する〈道徳的〉機能を受けもつことであった。だが、これすらも階級対立の時代を迎えて白々しいものになってしまった[59]」。

これが宗教の社会からの後退という世俗化現象である、と彼は説いている。

6　現代における「世俗化」とは何か

歴史的な社会構造の変化、とりわけ制度的分化、それと並行した伝統的な聖なるコスモスの解体は、宗教だけでなく、伝統的価値観に大きな影響をもたらした。機能的合理性が経済と政治の領域を支配するようになった。したがって世俗化に関するルックマンの主張を要約すると、理性的な自律化によって超越的な聖なるコスモスとの関係がますます疎遠になっていき世俗化が起こったと言うことができる。この点に関して彼は次のように言っている。「〈世俗化〉は、初期の段階では伝統的な聖なるコスモスが色あせてゆく過程を指すものではなかった。自律的制度的〈イデオロギー〉が、自己の守備範囲に限っては全領域にアーチをかける超越的規範宇宙に取って代わろうとする過程が〈世俗化〉であった(60)」。

こうして聖なるコスモスは現代においては第一次的公的制度によっては媒介されないで、個人的領域に制限されている。そのため現在成立している宗教の社会的形態は以前とはまったく相違している。人々はかつては社会の制度的構造を通じて、または宗教の制度的特殊化によって聖なるコスモスに触れることが可能であった。しかし、今日の工業化した社会には強制力をもつ宗教のモデルは存在しない。もちろん、宗教が何らかの形態を通じて社会的に問題とされることはありうるとしても、それは基本的には「個人的領域」の諸経験から成立している。

こうしてルックマンによれば世俗化のプロセスはラディカルに個人化した宗教性に基づいて新しい宗教的な社会形態を生み出している。しかしそれがいかなる具体性をもっているかは依然として明らかにされていない。彼は宗教を人間学的に解明できる個人に還元する傾向をもっている。しかし宗教社会学的には個人は社会との弁証法的な関係に置かれている。社会が非宗教的になったからといって、宗教を孤立した個人に還元することは不可能である。そうなるとそれはかつてフォイエルバッハが行なったように宗教を個人の願望に還元し、「神学の人間学への還元」となってしまう。人間学は学問の方法であって、宗教には人間学的に解明すべき特質が多く見られるにしても、人間学はそこから宗教を含めてすべてを説明する原理を提出することはできないのであり、単に人間存在の宗教的な事実とその根源の深みを指示するにとどまるべきではなかろうか。

7　「世俗化」の神話

ルックマンは「世俗化――現代の神話」という論文で「世俗化」の神話について考察している。今日「世俗化」という言葉が十人十色の意味をもたされ、同音異義語の集合といった観を呈し、一つの言葉として取り扱うのが困難になっているが、常識的には今から三〇〇年あまり前にウェストファリアの平和交渉の折に、世俗化とは教会の財産を世俗的な支配ないし所有に変更することを意味していた。また、ヘーゲルの歴史哲学の後継者の間でもちあがった理念論争の中でこの概念は重要な役割を果たしたに過ぎない。しかし、この概念は「理念の領域における世界的な歴史的変容の過程」や「合理性」と理性の「経験的」使用の増大を意味するものとして使われている。また宗教社会学の見地から産業社会における人々の日常行動が、既存の教会の宗教と一致しない点が指摘されたり、神学者たちは世俗化という用語を借用し、それを自分たちの目的のために適用している。たとえばブルトマンの「神話化」やボンヘッファーの「非宗教的キリスト教」、またアルタイザーの「神の死の神学」などがその例である。このように世俗化には明確な対応物がある経験的な概念であるのに、それが明確に把握されるに先立って「大衆的な神話」に変貌した事実を指摘している[61]。

この世俗化の神話は、時代の自己理解の必要性から生みだされており、今日、社会について語ろうとするならば、わたしたちは必ず産業化、都市化、世俗化といった概念を使わざるをえない。だが、この概念を検討しないままで使用されると世俗化の神話が生まれる。

この神話には二つの形態がある。一つは信仰の時代からの転落という夢想家の神話であり、他は非合理的な蒙昧からの解放という合理主義者の神話である。「彼らのある者たちは個人的な好みから宗教の黄金時代の衰退を嘆き、他の人々は、暗黒時代の非合理的なものからの解放過程の幸福な結果として、それを歓迎している[62]」ルックマンは次のようにそれを説明している。「世俗化の諸形態——一方はキリスト教の黄金時代というロマンティックな概念に基づいており、もう一方は非合理という暗黒の力からの人間の漸次的な〈解放〉という合理主義者のユートピアに触発されている——は一つの誤った概念に基づいている。双方の形態とも、宗教の社会的一般性——もっと正確にいえば、宗教の文化的単一性——と宗教の制度的専門化の結合が持続できるという仮定を含んでいる[63]」。しかしこの種の結合は過渡的なものであったに過ぎない。

そこでルックマンは正しい意味の「世俗化」現象は聖なるコスモスに由来している規範から社会構造のさまざまな部分が次第に自立してゆく過程にのみ適用すべきであると主張している。人間の歴史のかなりの部分においては社会構造全体は聖なるコスモスを支持し、聖なるコスモスは社会構造全体を正当化してきたといえるのであるが、聖なるコスモスと社会構造との関係が根本的に変化したのは、宗教の制度的専門化が始まってからのことである。それでも特定の政治的制度が聖なるコスモスを維持し伝達していた。そのお陰で宗教は社会秩序の中にその位置を獲得してきた。しかし、この両者の分裂が生じてくると、個人の日常的行動の中の特定の部分は、特定の制度的規範からその意味を得ているけれども、もはや諸制度は個人の生の方向に「究極的」意義を与えていない。なぜなら社会構造は、聖なるコスモスと主観的な意識との間を一貫した仕方で媒介しなくなっているからである。

8　非神話的な「世俗化」の概念

ところで聖なるコスモスから社会構造が自立していく過程の中に世俗化が位置づけられているのに反し、「個人」のほうは必ずしも世俗化されているわけではない。この社会構造のプロセスと個人を分けて考察するところにルックマンの視点の特質がある。この世俗化の宗教社会学的意味を理解しないと、世俗化の神話が発生してくる。たとえ現代の産業社会において聖なるコスモスはひどく弱められ、もはや決して自明ではなくなっており、どのような宗教の「公式」モデルも存在していないとしても、それでも個人にとって「究極的」意義のある価値や方向づけが生み出される。だが、その価値が社会秩序によって支えられていないため、それは不安定であり、変化を被りやすいと思われている。しかし、「世俗化の神話は、個人が世俗化されていないという事実を説明し損なっている」と彼は主張している(64)。

聖なるコスモスは文化の一部であり、歴史上社会的過程と制度によって維持され、伝達されてきた。これが聖なるコスモスの維持と伝達が社会制度全体によって基礎づけられている場合である。たとえば古代社会の宗教や伝統的文明の宗教はこの種の一般的な社会的基礎をもっていたし、現在ももっている。この場合主観的な側面から見ると、あらゆる日常的行為の意味は聖なるコスモスの超越的実在に結びつけられている。聖なるコスモスはその行為を正当化し、「究極的」意義を個人史の中で与えている。一般的にこれが宗教的な社会である。しかるに宗教は政治や経済の領域から離れ、次第に制度的な組織のイデオロギーとして理解されるようになった。その結果「究極的」関心に関わる事柄は、「私的な個人」に対してだけ「意味あるもの」となってしまった。そのため聖なるコスモスと日常生活世界とを結ぶ最も重要な絆が切断され、社会構造の「世俗的」部分は実際的規範を発達させ、宗教の制度的領域が解き放たれることを正当化したのである。

しかし、このように「究極的」意義を与える規範は日常経験からはっきりと分離されているわけではない。そのため宗教研究において聖なる部分と俗なる部分との関係、したがって聖なるコスモスと日常生活世界とが融合しているのか、それとも分離しているのかが問われなければならない、と説かれている。

これまで考察してきた宗教社会学の世俗化についての学説はデュルケムの聖と俗とを区別した上で社会学的にその関連を考察する伝統を形成している。ヴェーバーの視点はかなり有名であるので、その概略を紹介しておいた。次のバーガー理論の特質は「世俗化」の概念をイデオロギーとして用いることを避け、近代西欧の歴史における重要なプロセスを表現しているものと考える点にある。それゆえ世俗化の経験的な現象を価値的な見方を入れないで記述することに成功しており、世俗化をキリスト教の実現や衰退のいずれとも関わらせないで究明している。とくに近代社会の特質に選択の自由の増大、伝統に対する相対主義、宗教の多元主義、宗教の複数主義などを見ており、そこからキリスト教が欧米社会において勢力を減退させている点を学問的に解明している。同時に彼は人間の条件や素質に関する組織的な研究としての人間学の立場から宗教的な経験を現象学的に考察している点が注目に値する。なかでも「故郷喪失者」や「安住の地の喪失」を現代人の姿として描く分析は優れている。次のウイルソンは現代のカルトの研究者であって、そこにおける宗教の客観的な分析が優れており、世俗化という現象は信仰の時代と言われる中世にもあったといって、近代に特有な現象に対しては冷ややかである。最後のルックマンはドイツ人によく見かけるタイプの極めて難解な思想家である。宗教の理解に関してはバーガーと視点を同じくしているが、世俗化を社会学的に把握しており、とくに「教会志向型宗教」に対する批判はヨーロッパには当てはまってでも果たしてアメリカなどにどの程度当てはまるか疑問である。また個人には世俗化は及んでいないといった主張は人間学的な考察と矛盾を来すのではなかろうか。

いずれにしても宗教社会学的な世俗化の理解は社会における宗教の勢力が衰退している現象を研究対象としているが、ウイルソンを除くといずれも人間学的な視点が導入されていて魅力あるものとなっている。

注

（1）デュルケム『宗教生活の原初形態』上巻、七七頁改訳。
（2）デュルケム前掲訳書上巻、八七頁。
（3）古野清人、デュルケム前掲訳書「訳者序」上巻、六頁。なお同氏によると「宗教とは発端においては集団の生命力の顕現であって、神が人間を創造したのではなく、人類が生きるために自らの力で神を創造したのである。宗教とは集合体の生命を鼓舞し激動し高揚せしめる熱力学的な力である。宗教とはけっして架空の幻影ではない。これが、デュルケムの下した断案である」七頁。
（4）デュルケム前掲訳書下巻、三二六頁。なお、デュルケムの社会学的研究の根底にあった関心の一つは、宮島喬が指摘しているところによると、功利主義やアノミー（欲求の無規制）の蔓延によって危機にさらされている近代社会の統合をいかにして回復させるかという点にあった。このために社会主義に関心を寄せ、職業集団の組織化を論じ、さらに市民道徳の確立、道徳教育の基礎づけにも心を砕いている。こうした実践的な関心に関わらせてデュルケムの社会学的研究の意義を捉えなおす作業も今日行なわれつつある。一方、方法の面からみると、『社会学的方法の規準』（一九八五）に代表される彼の社会学的方法論は、観察、比較、社会学的説明、正常―病理基準の提示等において後世に大きな影響をあたえたが、素朴な実証主義の傾向をのこし、社会学的説明を絶対化し隣接科学との対話を困難にするなど、いくつかの限界も指摘されている。（岩波『哲学・思想辞典』一一二八―一一九頁参照）

(5) ヴェーバー『社会学の根本概念』清水幾太郎訳、岩波文庫、三九頁。
(6) ヴェーバー『支配の社会学』一、世良晃太郎訳、創文社、三三一―五〇頁参照。
(7) ヴェーバー『宗教社会学論選』大塚久雄・生松敬三訳、みすず書房、五九頁。
(8) ヴェーバー前掲訳書、六五頁。
(9) ヴェーバー前掲訳書、七〇頁。
(10) ヴェーバー前掲訳書、七六頁。
(11) ヴェーバー前掲訳書、七七頁。
(12) ヴェーバー『プロテスタンティズムの倫理と資本主義の精神』大塚久雄訳、岩波文庫、三四四―四五頁。
(13) ヴェーバー前掲訳書、三五一頁。
(14) ヴェーバー前掲訳書、三五二―五三頁。
(15) ヴェーバー前掲訳書、三五一―五三頁。

(16) ヴェーバー前掲訳書、三五五頁。

(17) ヴェーバー前掲訳書、三六四―六六頁。

(18) バーガー『聖なる天蓋』薗田稔訳、新曜社、四頁。「社会は一種の弁証法的現象である。その意味は、社会が人間の所産であり、人間の所産以外の何ものでもないのだが、しかも社会は、たえず造る者に働き返すということである。社会は人間の産物である。が、人間は社会の所産であるともいえよう。それればかりか、社会のうちにあって社会過程の結果としてこそ、人間は一人前に成長し、彼の生涯を形造るさまざまな目標に取り組むのである。人間は社会を離れては存在し得ない。この二つの表現、つまり社会は人間の所産であり、人間は社会の所産だという二つの言表は矛盾するものではない。むしろ、これは社会の現象が本来的に弁証法的性格をもつことを反映しているのである。この性格が認められてこそ、社会はその経験的実態にふさわしい表現をもって理解されよう」。

(19) バーガー前掲訳書、五頁。

(20) バーガー前掲訳書、三八頁。これに続けて宗教現象の事例として次のように語られている。「この資質は、自然または人工の対象にも、動物あるいは人間にも、人間文化の客体化されたものにも帰せられる。神聖な岩があり、聖なる道具があり、聖なる牛がいる。族長が神聖であることもあり、同様に特定の習俗や制度も聖なる場合がある。空間と時間が同じ資質に帰せられ、神聖な土地と神聖な季節がある」。

(21) バーガー前掲訳書、三八頁。

(22) バーガー前掲訳書、三九頁。

(23) バーガー前掲訳書、一六二―六三頁。

(24) バーガー前掲訳書、一六四頁。
(25) バーガー前掲訳書、一六五頁。
(26) バーガー前掲訳書、一七四頁。
(27) バーガー前掲訳書、一七四―七五頁。「世俗化をせきとめていた水門を開くには、この唯一の狭い取り次ぎの回路を切断するだけで充分だった。いいかえれば、このただひとつの回路を除いては、完全な超越神と全くの内在的な人間世界との〈仲を取りもつ〉べき何ものも残っていないので、後者の世界が信憑性不在の状況に陥ると、残された経験上の現実は、まさしく〈神は死せり〉でしかなかったのだ。この現実は、だから、われわれが近代の科学技術を連想するような、思想と行動の両面におけるシステマチックな合理的洞察にやすやすと御されることになった。天使不在の天空が天文学者の干渉のなすがままとなり、ついには宇宙飛行士に明け渡された。こうなると、プロテスタンティズムは、たとえどんなに他の因子が重要であったにしても、世俗化への歴史的に決定的な序奏の役を演じたと断言して差し支えあるまい」。
(28) バーガー『天使のうわさ』荒井俊次訳ヨルダン社、二九頁。
(29) バーガー前掲訳書、四二頁。
(30) バーガー前掲訳書、九七―八頁。
(31) バーガー前掲訳書、五五頁。この点に関してはバーガーの『異端の時代』に詳細に考察されている。同書、一二九―六七頁参照。
(32) バーガー『天使のうわさ』(前出)一八二―八三頁。
(33) ピーター・バーガー、ブリギッテ・バーガー、ケルナーとの共著『故郷喪失者たち』(高山真知子・

馬場伸也・馬場恭子訳、新曜社、一九九〇年）の中でもこの箇所は第一部「近代的意識」の第三章「社会生活の複数化」を取りあげる。
(34) バーガー他前掲訳書、七〇頁。
(35) バーガー他前掲訳書、七二頁。
(36) バーガー他前掲訳書、八八頁。
(37) バーガー他前掲訳書、八八頁。
(38) バーガー他前掲訳書、九一頁。
(39) バーガー他前掲訳書、九一頁。
(40) バーガー他前掲訳書、二一一―一五頁。この箇所はこの書の第三部「脱近代化」第八章「近代性とそれに対する不満」を取りあげる。
(41) ウイルソン『現代宗教の変容』井門富二夫・中野毅訳、ヨルダン社、二三―四頁。
(42) ウイルソン前掲訳書、二五頁。
(43) The World we have lost, 1965, p. 71-72. cf. A. E. Imhof, Lost Worlds. How our European ancestors coped with everyday life and why life is so hard today, 1996.
(44) ウイルソン前掲訳書、二八―三一頁。
(45) ウイルソン前掲訳書、三二―三三頁。
(46) ウイルソン前掲訳書、七二―七三頁。
(47) ウイルソン前掲訳書、一四二―四七頁。
(48) ウイルソン前掲訳書、一五二―五三頁。

(49) ルックマン『見えない宗教――現代宗教社会学入門』赤池憲昭・スィンゲドー訳、ヨルダン社、一九七六年、一一〇頁。
(50) ルックマン前掲訳書、一三五頁。
(51) ルックマン前掲訳書、一三七―九頁。
(52) ルックマン前掲訳書、一七三頁。
(53) ルックマン前掲訳書、一七七―八頁。
(54) ルックマン前掲訳書、一九〇―一頁。
(55) ルックマン前掲訳書、一〇三頁。
(56) ルックマン前掲訳書、一〇八―〇九頁。
(57) ルックマン前掲訳書、一一六―一七頁。
(58) こうして次の問題が提起される（ルックマン前掲訳書一三六頁）。「現代工業社会の世界観にあって、意味の序列とはどのようなものであるのか。この序列は聖なるコスモスの形で分節されうるのか。そうであるとすれば、分節化はどの程度まで明確で一貫的なものであるのか。聖なるコスモスを構成する宗教表象の性格ならびに起源は何であるのか、それの社会構造上の基盤は何か。宗教表象は宗教のなかの〈特殊なもの〉である制度的領域に所属しているのか。あるいは、数ある制度的領域のなかに配分されるのか。つまり、現代宗教は制度上の特殊化に先行する宗教の社会的形態に〈回帰〉しつつあると考えてよいのか。もしくは、現代社会の聖なるコスモスは制度的基盤をまったくもたないのか。もしもたないとすれば、聖なるコスモスはどのようにして社会に客体化されるのか、すなわちどのような形で客観的な社会的実在の部分となるのか。宗教の〈特殊化〉である伝統的制度はこのような状況の中でどんな役割を担っているのか」。
(59) ルックマン前掲訳書、一四一頁。
(60) ルックマン前掲訳書、一五〇―五一頁。
(61) ルックマン『現象学と宗教社会学』リード、星川啓慈、山中弘訳、ヨルダン社、一八二一頁。
(62) ルックマン前掲訳書、一八四頁。
(63) ルックマン前掲訳書一八八頁。
(64) ルックマン前掲訳書、一九二頁。

第三章　現代神学による世俗化の理解

はじめに　現代ヨーロッパにおける宗教思想の三つの道

世俗化の問題は現代のキリスト教神学においても重要なテーマとなっている。しかし、わたしたちはヨーロッパのすべての神学思想をここで問題にする必要はないと思われる。というのはわたしたちは前章の問題提起を受け継いで、現代人が再び超自然的経験を獲得することによって世俗化に対処しようと試みるさいに、現代において有効な宗教思想を検討しなければならないからである。では、いかなる宗教思想が最も有効なものであろうか。

それは超自然的な宗教経験を経験に即して人間学的に考察しているものでなければならない。そこでわたしたちは宗教社会学者バーガーが『異端の時代』の中で現代における宗教思想の三つの道について論じている点を問題にしてみたい。彼によると現代の最大の神学者といわれるカール・バルトは人間学的アプローチを拒否する「神の言葉の神学」に立って世俗化と真っ正面から対決しており、それと対極に立つ「神の死の神学」とブルトマンの「非神話化の神学」は現代の世俗性の立場に立って宗教を再解釈する試みであるが、具体的な宗教経験から出発する第三の道が存在する。この点をまず紹介しておきたい。

このような考えはバーガーの『天使のうわさ』で最初示唆的に提示され、『異端の時代』において詳論されている。今日のような多元的な状況における宗教思想は、プロテスタントの場合だけに限定して考察しても、きわめて複雑な様相を示しているが、バーガーは現代の宗教思想に演繹的、還元的、帰納的方法に基づく三つの基本的な類型の相違があり、そこにわたしたちが選択できる三つの道があるという。その要旨を述べると次のようになる。

①　演繹の道　演繹的な道とは、現代の世俗性に立ち向かって宗教的伝統の権威を再び主張することである。この道を選択をする者は、彼自身の社会史的な状況がもたらす相対化から超然として分離し、ある宗教的現実に対して何時も応答しようとしている。キリスト教徒の文脈において（ユダヤ教徒あるいはイスラム教徒の場合も同様だろうが）彼がもう一度直面するのは、「神語りたもう」(Deus dixit) という言葉に由来する荘重な権威である。したがって神は彼に対し、聖書とそれが伝える神意の絶えざる表明とを通してもう一度語っている。その代表はカール・バルトの「新正統主義」である。

②　還元の道　還元的な道とは、現代の世俗性に拠って伝統を再解釈することであり、この場合には、いや応なしに現代意識に参与することが必要なのだと考えられている。そこには現代の歴史研究の方法を用いる者が学問上の手段として現代の世俗的意識の産物を取り入れている。それは、いわば一種の権威の交換である。すなわち、現代思想もしくは現代意識の権威が伝統の権威にとって代わり、かつての「神語りたもう」が同じく強固な「現代人いわく」(Homo modernus dixit) におき換えられている。言いかえれば、現代意識とそれがもち込んだ範疇とが宗教的反省にとって唯一の妥当性の基準となる。この方法を選びとると、ある認識上のプログラムが開けてきて、これによって伝統から生まれた宗教肯定論が現代の世俗性の枠組のなかで「許容可能な」言葉に整然と読みかえられる。その代表はルドルフ・ブルトマンの「非神話化論」である。

③　帰納的な道　帰納的な道とは、一切の宗教肯定論の土台として経験に立ち返ること、つまりどの程度それが可能であるにせよ、自分自身の経験および特殊な範囲内の伝統に体現されている経験をめざすことである。帰納法がここで意味するのは、宗教的伝統が宗教経験に関する証拠物件をなし、経験から生まれた洞察からなるものと理解されるということである。この選択の有利な点は、その開かれた心がまえと真理の諸問題への権威主義的でない取り組み方から絶えず生じてくる新鮮さとである。いうまでもなく不利な点は開かれた心がまえがともすると限度の無さに結びついて、これが確かさへの深い宗教的な渇きを空しいものにしてしまうところにある。その代表はシュライアーマッハー

である。[1]

バーガーは第三の選択こそ現代的状況の挑戦に対抗し、これをも克服することを約束する唯一無二のものだとみなしている。「帰納法の選択には、この領域における人間諸経験の記述にたいしてあえて素直な態度をとり、何らドグマ的な偏見なしにできるだけこうした諸経験の核心的な内容をつかむようにすることが含まれている」[2]。帰納法の選択は、この意味で現象学的である。それはフッサールが「事柄そのものへ帰れ！」（Zurück zu den Sachen）と語っている標語の意味するところと同じである。このように述べてからバーガーはこの三つの類型を詳細に分析しているが、ここではそれを省略せざるを得ない。

そこでわたしたちはバーガーの考えにしたがいバルトとブルトマンに代表される二つの道をここでは考察の対象からはずし、第三の道に立つ現代の神学者の世俗化論を問題にしてみたい。その中でも人間学の立場に立って「世俗化の神学」を説いている三人の神学者を選んで考察することにする。第一はゴーガルテンであり、第二はコックスであり、第三はパネンベルクである。

第一節　ゴーガルテンの世俗化の神学

ゴーガルテンは多くの著作で世俗化を扱っているが、『近代の宿命と希望』（一九五三年）と『神と世界の間に立つ人間』（一九五六年）を取りあげてみよう。

1　精神史的な出来事としての世俗化

世俗化現象は従来なんらかの聖なる目的、たとえば礼拝に仕えていたものが、この世的、世俗的な目的のために用いられたことを指していた。ゴーガルテンは「私たちは、最近、世俗化（Säkularisierung もしくは Säkularisation）に関して、一種の精神史的な出来事として語り、それによって元来はキリスト教の理念、認識および経験であるものが、一般的・人間的な理性の理念、認識、経験などに変わることを理解する[3]」と語って精神史の出来事として理解している。したがって神の啓示は信仰によってだけ近づきうると考えられていた精神的な現象が今や世俗化によって、信仰にまったく依存しない理性や世俗的な力によって近づきうる認識になっており、そこには「啓示と神によって働かされる信仰のかわりに自立的で自己充足的な理性が登場する。――理性によって認識され、経験されるものは、神の現実から人間の現実となる[4]」と言われる。しかし、同時に彼によって人間の自立性の根源的な意味が、ただキリスト教信仰において得られる認識と経験を通してだけ獲得されることが強調されている。したがって世俗化には二種類が考えられていて、近代人が信仰から自由になろうとする世俗化とキリスト教信仰に結びついた世俗化とがある。一般に世俗化というと前者のことが考えられているが、後者はルターが実践した世俗化であって、これはその本質上信仰からの自由ではなく、信仰から出た行為である。この相反する両者を結びつけて考察することにより彼の「世俗化の神学」が展開する。(5) こうしてヴェーバーが説いた「呪術からの解放」としての合理化は神学的な世俗化論として展開されることになる。

それゆえ彼は次のように問題を設定している。「世俗化とはキリスト教信仰の本質から縁遠い、対立し、破壊するものか、それともそれは首尾一貫してキリスト教信仰の本質から生じているのか否か」と。この問題提起には世俗化がキリスト教信仰に由来しており、その解決はキリスト教信仰の本質にまで遡って行なわれなければならないという視点がはじめから認められる。そこから世俗化がキリスト教信仰の本質に属しており、この認識に立ってのみキリスト教信仰の本質は正当に把握されると次のように主張される。

「それゆえ、世俗化は、最初は、後になってはじめて今日の精神史的研究においてほとんどすべての領域に認められるものになっている、歴史的な活動が可能になったような、いわば一つの発端であるにすぎないとしても、世俗化はもともとのはじめからキリスト教信仰に属している。これは、私たちが世俗化をキリスト教信仰のなかに正しく根拠づける場合、それを正当に理解し、それにたいする正当な位置づけが得られるということである。いずれにしても、次のことが推定できる。すなわち、世俗化は単純に一様なものではなく、むしろ、これには二つのきわめて異なった仕方があるということである」(6)。

この点が理解されない場合には、世俗化がキリスト教信仰と矛盾し、致命的な事柄になってしまうと説かれている。ここにゴーガルテンの「世俗化の神学」が成立する。

2 「子たる身分」の弁証法

世俗化を考察しているゴーガルテンはパウロがガラテヤ人への手紙で説いている「子たる身分」についての弁証法的理解に基づいて議論を展開している。これを簡単に要約しておきたい。パウロはキリストをもって「律法の終わり」と規定し（ローマ一〇・四）、キリストにおいて律法の下なる生き方が終わり、新しい時代である福音が到来したとみなし、キリストこそ律法と福音とによって支配されている二つの時代が接触する転換点であると見ている。こうして契約に始まり律法を通って福音へと進む聖書宗教の発展の最終段階に今や達している。パウロはこのことを人間の成長を通して人間学的に反省して次のように語っている。「私の言う意味はこうである。相続人が子供である間は、全財産の持ち主でありながら、僕《しもべ》となんの差別もなく、父親の定めた時期までは管理人や後見人の監督の下に置かれているのである。それと同じく、私たちも子供であった時には、いわゆるこの世のもろもろの霊力の下に縛られていた者であった。しかし時の満ちるに及んで、神は御子を女から生れさせ、律法の下に生れさせて、おつかわしになった。それは律法の下にある者をあがない出すため、私たちに子たる身分を授けるためであった」（ガラテヤ四・一―五）。

パウロは古代社会における子どもから大人への成長過程を段階的に考察しながら新しい人間の誕生について語っている。ユダヤ教では一二歳の誕生日にシナゴーグ（会堂）に連れていかれて、子どもは両親の下を離れ、直接神との関係に入り、律法の子とされる。この律法を介して神に対する生き方が教えられる。パウロは子もしくは息子を単なる未成年の子どもと区別して、成人した相続人とみなし、息子が子どもであったときは、管理人や後見人の下にあって、下僕と変わらない奴隷的身分に等しく、この世のもろもろの「霊力」の下にあったと説いている。「霊力」（ストイケイア）という語は「初歩的教え」としての「律法」を指すとも考えられるが、この語はアリストテレスの『形而上学』で頻繁に用いられているように一般的には「世界の構成要素」もしくは「霊力」と解釈することができる。ところでパウロはこの霊力を律法と同一視して、キリストが出現し、「子たる身分」を授けるまでは、人間は未熟な者で律法の支配下にあると考えた。「御子」キリストは「現世的霊力」と対決し、神々・天使・権力・誡めなどの力から人間を解放し、「子たる身分」を授ける。この子たる身分は神をアバ（父）と呼びかける父子としての人格関係を意味し、以前の主人と奴隷との「主奴関係」からの自由を意味している。それゆえ、「二度と奴隷のくびきにつながれてはならない」（同五・一）とあるように、自由は単なる律法からの解放だけではなく、同時に「子たる身分」の自由と責任へと導く[7]。

ゴーガルテンによる「子たる身分」の解釈で世俗化の神学に重要なのは次の三点である。

①「霊力」（ストイケイア）の解釈　彼は「霊力」に二つの意義が含まれていると考える。第一には、霊力が世界を秩序において保持しており、世界とは秩序化した統一性であって、律法と同様に創造にふさわしい課題を実行している。しかし第二には、霊力は世界を自分自身の中に基礎づけ、神に敵対する力になる。なぜなら世界は霊力によって自分自身のなかで完結し、自律し、創造主に対して自己の被造性を認めないで心を閉じてしまうからである。(8) この解釈の中にⒶグノーシスの二元論との決定的な対決と、Ⓑ「この世の世界化」としての世俗化が展開している。

Ⓐグノーシスの二元論では霊力は律法と同じく「神に敵対する原理」であって、この世と共に否定される。ところがパウロは宇宙的二元論を知らない。彼にとってこの世とこれに属するものとは神の創造であって、世界はグノーシスにとってそうであるように神に敵対するもののわざではない。真の対立は「罪ある人間と聖なる神とのあいだの対立」であって、神と「人間が運命的に閉じこめられている宇宙的な宿命」との対立ではない。神との対立の根拠は人間の罪責にあって、神と世界とのあいだに立っている人間が、世界に味方をして神に敵対して決断したことにある。(9)

Ⓑここから「世」の解釈が弁証法的になっている。律法からの自由は「霊力」が神と敵対している「この世」からの解放を意味するが、自由となった者は「霊力」を本来の姿に立ち返らせる。「それはこの世の世界化を意味する。この世の世界化とはいかなる事情があっても、どこから見ても、この世に属するすべてのものにおいて、それが現にそうであるもの、まさにこの世であり、この世であり続

けるということである」[10]。ここに信仰による世界の非神聖化としての世俗化が起こってくる。

②二種類の自由　こうしてこの世の力からの解放としての宗教的な自由と世界に対して自立して行動する倫理的な自由とが説かれる。「第一は、神にとっての自由である。人間はこれを信仰において経験し、そして信仰によってだけその自由にとどまりうる。この自由から、私たちがすでに見たように、律法からの、すなわち同時に、律法の助けによって、人間がそれにつかえなくてはならないよ うに、人間をその勢力のもとに閉じこめておくこの世の諸力からの自由が生ずる。……第二の自由は、もしも、先のものが信仰の自由であるとすれば、これは行ないの自由なのであるが、世界における人間存在と関係している。なぜなら、人間がただこの世界において自立的であり、世界とのかかわりにおいて、また彼がそこでなさなくてはならないこととのかかわりにおいて自立的であるかぎり、この第二の自由は人間にふさわしいからである」[11]。

ここでの第二の自由は人間が子として世界の主であるように戒めを委託されているのであって、子にとどまるか、それとも自由を勝手に自分のために利用するのか、という決断を含んでいる。もしも人間が自由を自分のために誤用すれば、彼はこの自由をもって根源的な不服従に陥ることになる。それは不信仰であり、この不信仰によって人間はあらゆる存在の根本秩序に背いて罪を犯すのである。

③世俗化＝歴史化による神話的世界の解体　しかし、ゴーガルテンによると、この自由にはそれまで支配してきた神話的世界の解体という大きな出来事が認められる。この自由によって「人間と世

界とのまったく新しい理解が開かれたので、この世を見る見方は根底から変わった」。それによって「何千年にもわたる世界の体制が解除されたのである。すなわち神話的な体制が解かれたのである」。この旧体制のなかで人間は世界に閉じこめられたものとして生きていた。ところで神話的な人間の特質は、世界やその神々によって閉じこめられている存在から、自分が人間であることの意味やその正当性を受けとっていて、この閉じこめられている存在を保持し、それを祭儀や儀式によって確固としたものにしていた。「これが神話的な人間の力強い、意味深い敬虔である」[12]。それゆえギリシア人がロゴスの助けを借りて自律しようと試みても、「ギリシア的なロゴスは、その根拠と正当性とを神話的な世界をその永遠の秩序のなかで保持し、それ自身が力をもっている人間の精神をも圧倒的な力で閉じこめる諸力のうちに求めている」に過ぎないのである。これをあきらかにするためにはアイスキュロスの作品『エウメニデス』の中で、アテナ女神がアレオパゴスの最高裁判所を設置した演説を引き合いに出すことができる。この演説は古典学者シュテンツェルによると「神的な諸力を人間の粗雑な、あるいはそうしようとさえ思えば、雲をつかむような、いずれにせよ本来的な決断にはならないような審判のもとにおき、そのことによって、この審判やアテネの町全体に、明白に神的な合法性と神的な力とを与えんとする」[13]ものであった。だが、それでもなおアレオパゴスの最高裁判所が女神エリニュエスに服従し、それを祀るように義務づけたことに基礎をおいていた。したがってゴーガルテンはギリシア的なロゴスによる自律の試みといえども神話的な世界の中で行なわれていたに過ぎないのであるから、「ロゴスが、神話的な諸力との結びつきから解き放たれるときには、ロゴスは秩序ある権威を失うだけではなく、あらゆる秩序の解体と崩壊の手段になる」と主張する。(14)

それに対し新約聖書が説く自由は、霊力からの宗教的な自由と神話的な世界の世俗化（非神聖性）なのであって、神話的世界の崩壊を意味する。このようなゴーガルテンの解釈は本質的には「世俗化がキリスト教信仰の必然的で正当な結果である」というルターの解釈に立脚しながら、マックス・ヴェーバーの「呪術からの解放」としての合理化という考えを新約の世界に適応したものとみなすことができる。彼は次のように言う。「世俗化においては、この世にたいして人間が自由なものであり、支配者であるという要求が問題となる。それは信仰において把握された父にたいする子の自由の結果であり、これによって神話的世界は歴史的世界によって解体される。世界はこの要求によって世俗化される。……この世のもろもろの霊力は貧しく無力になったのである。私はこういうことができる。世界とそこにあるものすべては、いまは何かあるがままのものなのである。それはたんなる世界であり、世俗化された世界なのである」(15)。

この種の世俗化は新約聖書的な信仰の結果として示されている形態であって、キリスト教信仰に起源をもっている。しかるにゴーガルテンによると、現代の思索を根底に至るまで不安にさせている世俗化問題は、実は世俗化とキリスト教信仰との関係が明らかでないというところから生じている。

3　世俗化（Säkularisierung）と世俗主義（Säkularismus）

そこでゴーガルテンは世俗化と世俗主義の区別をもって近代から現代にかけて起こってきている世俗化の問題に迫っている。彼は言う、「私たちはここで、二つの根本的に異なる世俗化の種類の区別について語らなければならない。この区別なしには、世俗化において生ずる独自の経過は理解できないし、世俗化とともにキリスト教信仰に、とりわけ世俗化が近代においてますます受けいれてきた形とともに提出された課題も理解できなくなる[16]」と。ではその区別とは何であろうか。

第一の世俗化は「世俗的なものにとどまる世俗化」として特徴づけられている。「このような世俗化において、世界は世界に〈すぎない〉ことを保つ」とあるように、このような世俗化において理性の限界が認められるにとどまらないで、それを本質的に自覚しているため、自ら世界の全体性への問いが断念されている。

第二の意味での世俗化は世俗主義であって、世俗化ということばで今日一般的に考えられているものである。そのさい「全体性を問うことに対する無知が貫徹されないときに、この世俗主義としての世俗化が成立する」と言われる。つまり、自分の有限性を自覚した無知にとどまることがなくなると、さまざまな救いの教説やイデオロギーを建てることになり、世俗主義が世界観として成立する。この種の世界観は近代において多様に展開している。しかし、それも無意味であることが知られると、世界観的な問いを無意味とみなす世俗主義が生じてくるが、それは一般にはニヒリズムと呼ばれる。

この信仰による世俗化と世界観としての世俗主義との関係について彼は次のように説明している。「もしも世俗主義が世俗化の堕落であるとすれば、この堕落の原因は、世俗化とともに提出された課題に信仰が正しく答えていないということにあるのではないか、と問われなければならない。……信仰と世俗化との関係は、いずれにせよ両者がその本質にもとづいたものでありつづけるかぎり、それが自分の領域だといって互いに争う意味をもつことはありえない。……もしも世俗化が信仰に属するものを自分のものとして要求するならば、世俗化はもはや世俗的なものにとどまらず、世俗主義に陥ってしまうだろう。それゆえ信仰が世俗化にたいしてもつ課題は、世俗化が世俗性にとどまるように助けることであろう。しかし信仰はそれ自体信仰にとどまるということ以外の方法によってこの課題を、果たすことができない。信仰が信仰としてとどまるのは、すでに見たように絶えず信仰と行ない、救いの神的な現実とすべての人間的行為のもっている地上的・この世的な意味を区別することによってである(17)」。

それゆえ信仰と世俗化の関係は、世界に対する信仰者の関係の世俗化の問題であって、世界に対する人間の自由がひとたび開かれた後には、信仰なしにも世俗化はありうるがゆえに、世俗主義が起こってくることになる。それゆえ世俗主義と区別される世俗化は世俗にとどまらなくてはならないし、理性は世俗化においては問いと無知にとどまり、自己の限界を自覚して、解明できない暗闇に自らをゆだね、新しい形態の可能性とその崩壊の危機に絶えず直面しながら、この世に対して責任をもって生きることになる。ここに歴史的な人間に徹した生き方がある。こうした生き方は最初から世界に拘束されていた神話的な人間には原理的に不可能であった[18]。

4　救いの現実と信仰

では、キリスト教が啓示している救いの現実はどこに求めることができるのか。これをトレルチが最も徹底した形で定式化している。彼によるとその現実は「人間精神の神的な深み」(göttliche Tiefe des menschlichen Geistes) の啓示として理解されるものであり、「イスラエルの預言者たちの宗教とイエスの人格において」最も力強く明らかにされている。「そこにおいては自然と区別された神が、自然を超越する人格性を、その永遠に超越的な目的と世界にたいして働くその意志の力をもって実現している[19]」。ここで語られている「神的な深み」とはルターでは神と人とが出会う「根底」(Grund) を意味し、「霊性」(spiritus, Geistigkeit) を指している[20]。それは救いを実現させている「客観的な史実性」(objektive Historizität) として神学的に説かれているものであるが、そこには信仰によって獲られる「救いの現実」ともなっている。

このような信仰は人間の霊性として考察することができる。神が死人をも生かす神性をもって人間に立ち向かい、わたしたちを救って子とするとき、霊性は救いを実現し、この救いの実現によってのみキリスト教的な要求や戒めは実行される。したがってこの霊的な現実は神の現実である。神は自分自身から、自分自身において無であるわたしたちを存在へと呼び出し、戒めを実現させる。それゆえ、人間自身の力によってではなく、この現実のもっている神的な力によって信仰は人間の行為を保持する。

したがってルターが強調する信仰独自の働き、つまり霊性が要請される。それは信仰が「何も見ない、暗い道である」(Weimarer Ausgabe, 18, 526) という言葉で示されている。この種の認識は感覚的でも理性的でもない。それはより深い意味において霊的に見ることや認識することに他ならない。つまり感性や理性をもっては見えもしないし、認識もできない霊的なものと関係を保つことである。ルターはこの事態を「暗黒、闇」と表現している。ゴーガルテンはこの暗闇を「無」として捉え、次のように語っている。「それゆえ、信仰は感覚と理性とによっては見ることができず、また、それらによっては避けられない、人間と世界との無を問題にする。それは、信仰がみずからをそれにかかわらせることによって、それを見て認める〈無〉なのである。しかし、信仰は、このように、すなわち、信じて、無に身をさらしながら無を取扱うことによって、なお他の見ることのできない何かを認識することができる。すなわちもしも、神が〈無〉を無にし、それを生かすことによって、みずからを啓示するならば、この暗黒は、神が自分をおおいかくす暗黒なのである」[21]と。

ゴーガルテンの世俗化論は本質的にはルターの世俗化の理解に立って、新約聖書自身の中に信仰の本質として世俗化を捉えており、世俗化の肯定的な姿を明らかにしている。終わりに世俗化の否定的な側面である世俗主義について述べておきたい。

5　三種類の世俗主義

ゴーガルテンは世俗主義を分類して次の三つの種類に分けて考察している。

①　ユートピア的世俗主義　この種の世俗主義の特徴を彼は次のように規定している。「キリスト教信仰は義認の信仰であるから、世俗化はキリスト教信仰の正当で必然的な結果である。もしも、世俗化ということが無視され、それにふさわしい妥当性が世俗化にゆるされないときには、信仰はその義とする力を失い、人間はその世界、世俗とともに、キリスト教の名においてユートピア的世俗主義に陥る[22]」。次にその歴史的形態に言及している。キリスト教会の歴史にはユートピア的な世俗主義が多く出現していて、多くの分派的な集団は、この世的なものとなった教会をキリスト教化し、救いを実現すべく努めてきたが、それはおおむね原始キリスト教の終末論的な終末待望が再び目ざめるというような仕方で起こっている。

②　急進的（akute）世俗主義　先の世俗主義において実践的な行動に向けられた要求が支配的となると、信仰に元々含まれていた実践への要求は信仰の変化とともに変わっていく。つまり、義認の信仰から倫理的な信仰へと変化が生じると、信仰は直接救いを実現する行為をなす情熱でもって満たされるようになる。ここから過激な、急進的な分派や「熱狂主義者たち」（Schwärmer）、たとえ

ば宗教改革時代のミュンスターの再洗礼派などに見られるように、急進的な世俗主義が登場してくる。聖書とその思想世界が発揮していた歴史的な力が近代において衰えると、この種の急進的な世俗主義が多く登場してきている。

③　慢性の世俗主義　それよりも危険な世俗主義は「慢性の、潜行性の世俗主義」（der chronische und schleichende Säkularismus）である。それを認識するのはむずかしい。この慢性の世俗主義は、急性の世俗主義が情熱的に動かされていた終末論的な終末の待望からはなるほど自由であるが、そこでは新約聖書の訓戒の二重の意味は理解されず、訓戒がとくに新約聖書的な意味でもつ、信仰と行ないとの独特な緊張が失われている。したがって訓戒はもっぱら行ないとして考えられ、自己の確信するところをもってその内容としている。西欧の歴史にとって最大の意義ある事態がここから生じ、それは今日においてもなお生じている。[23]

第二節　コックス『世俗都市』と世俗化神学

次にわたしたちは世俗化の神学を試みたコックスの当時有名になった著作『世俗都市』について考察してみなければならない。一時代前に人気を博したこの作品も時代の流れに押し流されてしまったとはいえ、そこには時代に適合しようとした世俗化の神学の運命が窺われるからである。

1　折衷主義の世俗化論

世俗化の神学は先のゴーガルテンの学説に典型的に現われているような人間学的に一貫した学説を生み出しただけではなく、世俗化時代の特質である折衷主義を最も力強く主張する代表者としてはハーバードの神学者ハーヴェイ・コックスを登場させている。彼は「神なき世俗の主」として神を捉えたボンヘッファーの神学に強く影響を受けている。そこには「成人せる世界」とか「深いこの世性」といった新しい神学的な観点が受容されており、キリスト教が世俗的人間（secular man）という、大人になった人間を生み出している事実に注目している。それゆえコックスは「宗教」という言葉がもはや無意味となっていることを強調し、キリスト教は「宗教に非ざるもの（religionless）」もしくは、宗教的要素を取り去った体系でなければならないと説いた。「わたしたちは、ボンヘッファーが言ったように、世俗的な方法で神について語り、聖書的概念の非宗教的な解釈を見出さなければならない」(24)と主張している。こうして彼は一九六〇年代初期の最も有名な「世俗化神学者」の一人となった。

コックスはバプテスト派の牧師でハーバード大学の助教授として教鞭をとっていたが、組織的規制を許さない新しい折衷主義とエキュメニズム〔全世界的な教会統合運動〕に基づいてあらゆる種類の儀式が同時に行なわれるグローバルな宗教共同体を主唱して、二千人ほどの会衆を集めたイースターの儀式を挙行した。その目的は人間解放であった。「そこでは彩色豊かなビザンチン風のミサによる礼拝式が行われ、音楽と踊りも加えられた。そしてまた、この人間解放の儀式の中に新しい生命やキリストから分かち与えられたパンに関するキリスト教伝来の諸シンボルがそのまま持ち込まれた。(25)この試みは一時的な成功によって彼の名前を有名にした。

そこでわたしたちは彼の主著『世俗都市』の「序論」である「世俗都市の新紀元」から彼の基本的な主張を要約して示しておきたい。

2　世俗都市における文明の変化と世俗化

都市文明の勃興と伝統的宗教の没落、つまり都市化と世俗化という二つは、わたしたちの時代の特質をよく明示している中心的なしるしであり、共に緊密に関わりあって展開している。都市化というのは、人間が共同に生活を営んでゆく様式の中での巨大な変化の本質を言い表しており、伝統的な世界観の崩壊から生じてきた、科学ならびに技術上の進歩によって、今日初めて見るような形態を取るようになった。同じ程度に画期的な運動である世俗化は、人々が共に営んでいる生活を把握し理解してゆく仕方の様式上の変化であり、都市生活の営みの中でのコスモポリタン的な出会いを通じて、人々がかつては疑うべからざるものと思っていた神話がその相対性を露呈される時に初めて、それはその端緒に着いたのである。(26)

その昔、ギリシア人たちがコスモスを無限に拡大されたポリスとして捉え、中世の人は同じコスモスを極限にまで広げられた荘園と見立てたとすれば、今日われわれはそれを人間の都市として経験する。そこはかつて居を構えていたさまざまな神々が全く姿を消してしまって、人間の探究と努力の重ねられる場となっている。世界は人間の課題であり責任となったのである。現代人はかくしてコスモポリタンとなった。世界が彼の都市となり、彼の都市はまた拡大されて全世界を含むようになった。このような現実が生じるようになった過程が、世俗化という名前で呼ばれている。(27)

3　世俗化とは一体何か

世俗化とは一体何か。オランダの神学者C・A・ヴァン・ピアスンは、世俗化とは人間が「自己の理性と言葉に対する宗教的で形而上学的な支配から解放されることである」と言っている。それは、世界を宗教的ならびに疑似宗教的な自己理解から解放し、すべての閉鎖的な世界観を追放し、すべての超自然的な神話と聖なるシンボルを打破することである。それは「歴史の非宿命化」すなわち人間は世界をその責任として与えられており、したがって彼が世界にどのように関わるかということに対して、それを運不運とか怨霊のせいにすることはもはやできないのだということの自覚を表明している。世俗化は、人間が自分の関心をあの世から、この世界、この時代に転ずる時に起こるのである。それはディートリッヒ・ボンヘッファーが一九四四年にいみじくも「人間が成人になる」と呼んだと

ころのものである。(28)

もし世俗化とは人間が一人立ちすることの内容に対して与えられた名前なら、都市化はその世俗化が起こっている文脈を描写している。都市化は、その特異な文化のスタイルを支えている新しい社会の「形態」である。都市化という言葉を定義しようとするに当たって、社会科学者たちの間ですら、その意味することについて完全な同意があるわけではないという事実に直面する。それは、人口の大きさや密度に起因するものでもないし、また地理的広がりや政府の特定の形態に起因するものでもない。確かに、今日の都市生活の特質は、隣接しあっている巨大な土地に集中している莫大な人口なくしては不可能である。しかし都市化はただ都市にだけ関わりをもっているものではない。ヴィディックとベンスマンがその共著『大衆社会の中の小さい町』の中で示しているように、高度の流動性(mobility)、経済的集中ならびにマス・コミュニケーションのために、田舎の村々さえ、都市化の網の目の中に組み込まれている。

都市化は、多様性と伝統の分解がきわだっている共同生活の構造を意味する。それは、機能的な関係が次々に生まれてくるような非人格性を意味している。それはまた、ある程度の寛容さと匿名性が伝統的な道徳的賞罰や、長い間の親しいつきあいに取って代わることも意味する。都市の中枢部は、人間が統御する場であり、合理的な計画や官僚的機構の場である。そしてそのような中枢部はただ、ワシントン、ロンドン、ニューヨーク、北京にあるだけではない。どこにでも存在する。

4　世俗化時代の多元主義と寛容

今日注目すべき宗教上の出来事、たとえば仏僧の焼身自殺や、日本における創価学会のような熱狂的宗派の勃興、アメリカにおけるブラック・モスレムの出現、さらに第二回ヴァチカン公会議におけるローマ・カトリック教会の新たな活動力などはすべて、一般に言われている宗教の死亡広告が時期尚早ではないかという印象を与えるように見える。しかし、もう少し突っこんで検討してみると、これらの現象も現代世界の中にある流れの早い世俗化の風潮から切り離して理解することはできない。これらの流れは、疑似宗教的な形態をとって現われるか、そうでなければ宗教的制度の中に必要な調整を引き出して、制度を根本的に変革して行くので、もはや世俗化の過程に対して何ら深刻な脅威とはなりえないのである。かくして古来からの東洋の諸宗教の復興は、古ぼけてしまったシンボルを今も大事にしてはいるが、しかしそれらを全く新しい目的のために使う人々の民族主義的な政治的熱望を表明している。こうして多元主義と寛容は世俗化の落とし子であって、社会がその市民たちに対してどのような特定の世界観をも強制しないことを表している。実際、第二回ヴァチカン公会議において頂点に達したローマ・カトリック教会内の動きは、カトリシズムがあらゆる側から提示される真理に対して耳を傾ける用意ができていることを示すものである。かつて閉鎖的な制度が確立されていた場所にも多元主義が現われてきている(29)。

5　宗教的世界観の相対化と信仰の個人化

世俗化を押し進めている諸力は、宗教を迫害するようなことにさほど関心をもってはいない。世俗化はただ宗教を無視し、その価値を低下させ、さらにほかの事柄へとつき進んで行く。それは宗教的世界観を相対化させ、したがって無害なものにしてしまった。こうして宗教は公のものではなく、私的なものになり、特定の個人や集団の固有な特典（prerogative）であり、物の見方として受け入れられている。このようにして世俗化は、かつては火刑や鎖をもってしてもできなかったことを成就するに至ったのである。すなわち、世俗化は信仰者に対して多分自分のほうが誤っていることもありうると納得させ、熱心な帰依者に、信仰のために生命を捨てるよりも、もっと大事なことがあるのだということを悟らしめるに至った。伝統的な諸宗教の神々は、依然としてプライベートな迷信の対象として、あるいは特定集団の守護神として生きながらえている。しかし、もはや世俗的な大都会の公的な生活の中では何ら重要な役をつとめることはなくなっている。

今日の時代の世俗的かつ政治的ないろいろの運動を「宗教」的になるように強制し、そのことによって自分たちも自己の宗教に固執することを正当化しようとする努力は、結局のところ負け戦である。世俗化はまかり通り、もしわたしたちが今日の時代を理解し、それとの会話を可能にしようとすれば、世俗性の中で根気強く、それを愛することを学ばなければならない。またボンヘッファーが言ったように、世俗的な方法で神について語り、聖書的概念の非宗教的な解釈を見出さなければならない。いつかまた宗教や形而上学が人間の思考や関心の中心であることを回復する日があるだろうという身勝手な望みをいだいて、自分が支持している宗教的ならびに形而上学的な形をとったキリスト教に固執しても、何の役にも立たない。そのようなキリスト教は、今よりもいっそう周辺的なものとなってしまう。したがって、わたしたちは今、世俗都市という新しい世界の中に思いきって飛び込んでみることができるのである。その第一歩は、この世俗都市のもつ特異な性格について学ぶことである。

そこでコックスはエキュメニズムをいっそう拡大させてあらゆる種類の儀式が同時に行なわれるグローバルな宗教共同体の形成を提案した。人々は自分について語ることを求められ、その自己表出による「解放」がその運動の標語である。自己解放が救済の力となったのである。世界には一方で、正直で自分に忠実な遊び好きの人間がおり、もう一方には、自発性を否定してさまざまな禁制を奨励し、そして現代的に言えば「不安を感じている」人々がおり、世界はその両方に分かれている。それゆえ自分の欲求に忠実になることを学べば「自己解放」による救済が得られると彼は考える。

6　全宗教的儀礼への転向

コックスの考えには、ウイルソン『現代宗教の変容』(30)によると、合衆国におけるエサレン運動や感受性開発訓練などカルトを支える諸理論が明らかに影響している。しかし、コックスは単なる理論家ではなく、バプテスト派の牧師として新しい形態の儀式を試みる機会を捉えた。バプテスト派の信徒としては、彼は儀礼への回心者と言えるが、しかも単に彼の教派であるバプテストより古いキリスト教の儀礼にではなく、実は全宗教的儀礼に転向したのである。つまり彼は、いかなる宗教儀礼でも自分の感覚を解放するものであるならば、何でも利用できるという確信に至ったのである。彼は『民衆宗教の時代』で言う、「太古の洞窟画から最近のユートピア的希望のイメージに至るまで、人類史の全行程にあるさまざまな象徴物はすべてわれわれに有益である[31]」と。こうして祝祭、諸療法、詠唱、ライト・ショー、ダンス等のすべてが、礼拝式の正当な構成要素となった。というのは、あらゆるものが隠された心理の奥底を開示するのに役立つからであり、コックスにおいては、まさにそれ自体が救済のプロセスなのである。コックスは「実験的典礼学」(experimental liturgics) の一つの実践として、イースターのためのある礼拝式を組織した。場所はボストンのとあるディスコであり、そのような儀式が文化としては全く重視されない場所であった。儀礼の基本様式はビザンチン風であり、それ自体は伝統的な様式であったが、その地方やその場所自体の伝統とは全く関係のないものであった。しかし、このビザンチン風の儀礼は礼拝式を構成する他の諸要素の基盤でしかなかった。二千人近い人々がその礼拝式に参加した。

わたしたちは、宗教社会学者バーガーの評言を想起しておかねばならない。彼は次のように言っている。「時代精神と結婚するものは、すぐにやもめとなるはめになる」と言われているように、ハーヴィー・コックスの著書『世俗都市』は近代都市主義時代の到来を天啓として祝おうとわたしたちに呼びかけたが、それからほんの二、三年後には、この一種独特な「時宜にかなった」知恵の言葉は全く無視されてしまった、と。[32] 事実、わが国においても彼の著書は翻訳されて一時もてはやされたが、今日では全く忘れられてしまった。

第三節　パネンベルクとブルーメンベルクの世俗化論争

次にわたしたちは世俗化について現代のプロテスタントとカトリック双方の学者が論争している点を取りあげ、世俗化の理解がどのように深まっているかを考察してみたい。プロテスタントの神学者パネンベルクはトレルチの近代に関する時代区分にしたがい、またディルタイの近代における人間学的分析、さらには歴史家ラブの時代区分に関する学説を採用しながら、世俗化の意義を解明している。また、彼はカトリックの思想家ブルーメンベルクとの間に世俗化について論争している。これらの論旨の要点を示すと次のようになる。

1　近代世界における世俗化の理解の問題点

世俗化問題の神学的意義についてパネンベルクはおおよそ次のように述べている。一般に近代世界を「世俗化されたもの」として叙述する場合には、そこでは「聖なるもの」がその姿を消滅している世界が問題となっており、そこではキリスト教からの解放がなされたにもかかわらず、近代世界がキリスト教的な起源との関係をなお維持していることが問題にされている。それゆえ、教会の立場からの世俗化とその帰結に対する批判も同じように両義的である。このような批判は単に過去へのノスタルジックな回顧によってなされるべきではなく、むしろ世俗化の帰結についての冷静な判断に基づいて行なうべきである。そこには中世的な教会と世界がもっていた前近代的な関係規定を破壊することによって社会の創造的な発展が可能になったことが含意されている。そして現在の文化的な多元主義のもとにある教会と社会における個々人の自由権と権威的な支配形態の克服もこの問題に属している。したがって世俗化の帰結に対する批判は、宗教と社会の新しい関係規定をめざすものである[33]。

したがって世俗化の意味とその歴史的な起源の問題はパネンベルクによると、法的な概念規定によって考察すべきである。「世俗化の概念は霊的なものと現世的なものとの間のキリスト教的な区分にその起源を持っている。〈世俗化する〉とは聖職者のこの世の地位への移動、あるいは霊的な財産をこの世の所有へと移動するための表現として、もともとは法的な意味を持っていた。霊的財産のこの世の所有への移動とは、宗教改革時代における現世権力による教会財産の没収と関連する出来事である[34]」。こうした事態はブルーメンベルクが言うようにカトリックの側からは「不法な横領」であろうが、プロテスタントの側からは「発展のしるし」や「教会の不当な特権の廃止」として、また「財産の返還」の出来事としてその価値が認められてきたものである。

2　ゴーガルテンとヴェーバーの世俗化論の問題点

パネンベルクはわたしたちがこれまで考察してきたゴーガルテンとヴェーバーの世俗化論を取りあげながら自己の立場を明確にしている。パネンベルクによると、ゴーガルテンは世俗の支配と霊的支配との宗教改革的な区分、つまりルター的な二王国説に近代文化の世俗化の起源を捉えているが、その見解も真理契機を含んでおり、その宗教改革の見方は、近代において生じた世俗化した文化世界の正当性を明らかにすることに役立ち得たし、とりわけ国家の宗教的な制約からの解放の正当性を認めることにも役立った。しかしゴーガルテンはこの解放自体の過程については明らかにしていない。

またカルヴィニズムの倫理に資本主義の起源を見るマックス・ヴェーバーの見解も、現代の世俗化した世界の単なる精神史的な由来に限定された考察である。確かにヴェーバーはカルヴィニズムと資本主義との関係によって、資本主義の由来を全体的に明らかにできると考えたのではないが、その重要な要因の一つを示すことができると考えたのであった。パネンベルクはヴェーバーを批判して、「職業倫理や禁欲的な生活態度というようなカルヴィニズム的な徳が、経済的な成功の重要な要因となり得たということから、カルヴィニズムの倫理の世俗化が純粋に現世的な成功のための努力によるものだと理解されるべきではない」[35]と主張し、カルヴィニズムの倫理的生活態度はキリスト教的な救済という霊的な目的にではなく、純粋に現世的な目的に仕えていたことが明らかにされなければならないが、それはカルヴィニズムの信仰から明らかにされるべき事柄ではない、と述べている。

3　宗教改革と近代世界との関係

一六世紀ヨーロッパの宗教改革と近代の世俗世界の成立との関連についてゴーガルテンとヴェーバーは両者の密接な関係を認めている。しかし、パネンベルクによると宗教改革は現代の世俗化した世界を直接成立させたのではなく、「宗教改革が現代の世俗化した文化世界の発生のための出発点を作り出したというのは、それが宗教改革の意図せざる教会史的、政治的、世界史的な結果であった(36)」と説いている。この点でパネンベルクはトレルチの学説にしたがっている。それは彼の「宗教改革と近代」という論文に明瞭に説かれている。そのさい、もっとも重要な点は近代世界と宗教改革との間に連続と非連続との両方が把握されている点である。

トレルチの有名な定式化は、古プロテスタンティズムと新プロテスタンティズムとの区別であって、彼は宗教改革と近代とを直接結びつけることをしなかった。宗教改革それ自体はなお中世に属するものとし、近代は確かに宗教改革との関連を保持してはいるが、その厳密な意味での出発点は、宗教改革がもつような中世的な構造が崩壊した後、いわゆる新プロテスタンティズムによって開始されたと考えた。つまり彼は近代世界は一六世紀の宗教改革によって成立するというよりは、むしろ一八世紀の啓蒙主義と関連していると考えている。トレルチによれば「近代世界は古い宗教的な束縛の破壊という仕事を徹底的な仕方でなしたが、真に新しい力を生み出すことはなかった[37]」のである。したがって近代世界にはキリスト教的な古代や中世のような偉大な統一性をもった文化総合が生まれていない。それゆえ彼の要請した現代における文化総合が必要なのである。

パネンベルクも同様に宗教改革から近代世界が直接生じたのではなく、そこにある両者を分かつ「深い裂け目」を「絶対主義と教派主義の破壊」に求めている。この破壊は一七世紀に開始され、クロムウェルのイギリス革命や一八世紀のアメリカとフランスの革命に続く一連の革命によってヨーロッパの国民に広がったのである。だから「言葉の厳密な意味での近代は、一七世紀の教派戦争によって始まったのであり、それは宗教改革によってでも、もちろんルネサンスによるようなものでもない[38]」と彼は主張する。したがってトレルチとパネンベルクの両者はルターの宗教改革を古プロテスタンティズムとみなし、近代世界によって生じた「断絶」によって新プロテスタンティズムと近代世界とを結びつける点で一致している。しかしパネンベルクが近代世界とプロテスタンティズムとの関係を指摘する際に注目したのは、トレルチとは違って「教会分裂と三〇年戦争」の終りの時期に断絶を捉えている点である。彼はプリンストンの歴史学者、セオドア・K・ラブの議論に基づいて次のように述べている。「一七世紀後半、教派戦争の終わりの段階で、とりわけドイツにおける三〇年戦争の時代に、全ヨーロッパ史の進展における深い溝が生じた」。この深い溝は百年以上も続いた宗教戦争であって、それによって一七世紀後半において啓蒙主義が開始され、それ以前の宗教改革の時代とが切り裂かれたのである(39)。

4　伝統的な宗教的権威に代わる自然宗教と自然本性的な人間学

世俗化のプロセスの解明にとってさらに重要なパネンベルクの見解は近代の人間学の誕生に関する指摘である。一七世紀になってフーゴ・グロティウスやチャーベリーのハーバートのような思想家が輩出し、社会の基盤や諸国家間の平和の基盤を宗教にではなく、自然法によって基礎づける努力がなされた。そこから同時に全人類に共通なものとして自然宗教を想定するような方向が定められた。ヴィルヘルム・ディルタイはこの傾向を精神科学の「自然的な体系化」と名づけた。すなわち法、宗教、道徳、そして政治の根本概念は、全人類や人間の「本性」についての問いという基盤の上に新たに定式化された。したがって「伝統的な権威に基づく宗教に代わって、全人類に共通な人間の〈本性〉が公共の秩序と社会の自由の基盤とされたのであった。このことがヨーロッパにおける世俗化された文化の発展の出発点となった(40)」とパネンベルクは説いている。

パネンベルクはここに世俗化へ向かう根本的変化を捉えている。彼によるとこれまでの領邦国家体制に何か根本的な変化が起こったのである。それは一五五五年のアウグスブルク宗教和議の決定である cuius regio, eius religio の原則に示されていたのであるが、これによって根本的な変化が生じたのである。たとえばトーマス・ホッブズはその著作『リヴァイアサン』において、国家宗教が統治者によって決定されると定式化する必要を感じたのであるが、このことはアウグスブルク宗教和議に基づいていた。しかし、この著作で生じた変化というのは「自然権」や「万人の万人に対する戦い」という新しい自然法と新しい人間学の基礎に立ってそのことを正当化する試みであった。それゆえパネンベルクは言う、「自然法と結びついた政治的王権の教説は、人間学という基盤を必要としたので、ここでも既に原理的には社会と公共文化とを基礎付けるものは、宗教ではなく一般的人間概念から引き出されるという転換が起こったのであった」と。新しい近代の人間学こそ世俗化の最大の原因なのである。つまり人権やすべての個々人に共通な本性という人間概念が、今日の世俗化した社会においては、少なくとも西洋的なデモクラシー社会においてはかつては宗教によって担われていた位置を得ているのである。[41]この指摘は世俗化を人間学的に解明しようとするわたしたちにとっては極めて重要な発言である。

5　キリスト教の正当性を回復する試み

一七世紀の戦争と教派の分裂は中世以来支配してきた「キリスト教世界」(corpus Christianum)を崩壊させる道を開くことになった。それ以前には社会や文化はキリスト教という共通基盤の上に築かれていたが、この崩壊とともに社会と文化の正当性（Legitimität）に空洞化が生じ、そこから近現代の諸問題が発生してきている。こうしてプロテスタンティズムは近代世界の成立に貢献したものの、同時に正当性の空洞化という困難な課題をも抱えることになった。この空洞化を埋めるために一七世紀にはたとえば自然宗教や人間の共通本性という考え、また道徳思想やイデオロギーが登場したが、それに成功することができなかった。

そこでパネンベルクはキリストにある神の啓示と、その啓示に基礎づけられたキリスト者たちの共同体との、新しい、より深い認識をプロテスタント的な自由に結びつけることによって、彼は一方において近代的な自由にその精神的な起源を認識させ、他方においてキリスト者の共同体に、近代世界に対して精神的な基盤を与えるべき必然性をもっている共同体であることを、自覚させようと試みている。

かつてトレルチが教会から自由なプロテスタンティズムの文化世界においてキリスト教の普遍性を捉えていたのに対し、パネンベルクはむしろ人類の統一をも射程に収めたエキュメニズムを伴った「教会的キリスト教」において正当性を回復させ、宗教改革を完成させようとする。[42] この議論はドイツの国民教会的な体制の残る領邦教会に基づいたヨーロッパ・キリスト教世界での発想であって、その他の国では実現が困難であるといえよう。[43]

6　ブルーメンベルクの世俗化論

現代カトリックの思想家ブルーメンベルクは『近代の正当性』（Die Legitimität der Neuzeit）を著してパネンベルクとの間に世俗化論争を引き起こしている。ここでの議論は「正当性」であって教義上の「正統性」（Orthodoxie）についてではない。まずブルーメンベルクの見解を簡単に紹介しておきたい。

ブルーメンベルクが特に問題にする世俗化は、「特定の機能をもつBは世俗化されたAである」というタイプの「没収モデル」である。彼があげている例によれば、「近代労働理論は世俗化された修道的禁欲である、世界革命は世俗化された終末待望である、あるいは連邦大統領は世俗化された君主である」とか「近代の歴史哲学は世俗化したキリスト教終末論である」というような判断がなされる場合の世俗化である。そこでは歴史的な事実や理論を用いることのできない「前提」、すなわち「はじめからある価値判断をともなった現実理解をもつ場にのみ成り立つ前提」が存在しているというのである(44)。

ブルーメンベルクはこの前提をいわゆる「没収モデル」に見た。彼によれば「世俗化」は、「ウエストファリア条約以降、法的には教会財産の没収行為のことであったし、またそれを意味する用語となった」。それ以前の教会法における世俗化という概念の使用は、聖職者を修道院における義務から在俗司祭へと移行させることを意味していたが、一八世紀以降は教会財産の世俗諸侯への譲渡を意味するようになった。しかし、彼はこの変化が「世俗化」の概念の使用としてはそれ程大きな意味の変化ではないと言う[45]。それに対して「世俗化」が今日のような特別な前提をもって用いられるようになったのは、一八〇三年の帝国議会の決定によるのであって、そこでは世俗化概念を「教会の権利の簒奪の概念、教会による保護と監督からの財産の不当な解放の概念」となしたと言われる。これが彼の説く「没収モデル」としての世俗化の起源である。それ以後では世俗化は「教会の権利や保護からの〈不当〉な解放」という価値判断を伴うようになったと彼は考えている。すなわち世俗化の概念は、単に財産の問題だけではなく、他の問題にも転用可能なプロセスとして理解されることになった。こうして世俗化の概念が近代の問題と結び付くときに、教会財を不当に没収した近代には「非正当性」という烙印が押されることになってしまう。

それに対してブルーメンベルクは「近代の正当性」を主張する。この正当性とは、既に述べたような「世俗化論」によって負わされたキリスト教的なものが正当的であり、その世俗化としての近代は非正当的であるという見方に対して主張されているのであって、彼は近代の人間学的な諸特徴である「理性の自己主張の正当性」を強調している。ここから彼はキリスト教とそれに基づく近代世界とを批判している。彼の説は哲学史家レーヴィットと比較すると鮮明になる。レーヴィットは近代をも含めてキリスト教的なものをトータルに批判するために、中世と近代との連続性を説いており、これを「世俗化」（彼の場合にはコスモスの非神聖化の意味である）概念を用いて説明している[46]。それに対しブルーメンベルクは近代をキリスト教的中世からの自律において捉えるために「世俗化」の概念を批判する。したがって歴史の流れを断絶させている溝はレーヴィットによればギリシア的古典古代と原始キリスト教との間に、ブルーメンベルクによれば中世と近代との間に置かれている。

7　パネンベルクのブルーメンベルク批判

ブルーメンベルクの世俗化論に対する批判は直ちにパネンベルクによってなされた。その批判は次の二点から成り立っている。

第一の点は、ブルーメンベルクは神義論によってキリスト教神学史を再構成して、近代の起源を神学的な絶対主義に反対する立場として規定しているが、その神義論は彼も認めているように「キリスト教神学史にとって中心的な意義をもっていなかった」ような観点に過ぎない。パネンベルクによれば「キリスト教と世界における禍や悪との決定的な対決は、世界に対する責任から創造者を解放すると言うことによってではなく、世界の罪と悲惨さという重荷を自分自身に引き受け、その重荷から人間を解き放つ神による世界の和解を信じることによって行なわれたのである」。そしてキリスト教はこの主題のもっとも包括的な表現を受肉の思想の中に見出していたのであり、神義論にではなかった、と彼は批判している。したがって神義論によってこの世俗化の主題を再構成しようとするブルーメンベルクの構想は神学史的な視点からして受け入れることができないと説かれている。

第二の点はブルーメンベルクによる中世後期の神学史の解釈に対する批判である。ブルーメンベルクによれば、「神学的絶対主義」によるキリスト教の神概念は、人間を窮地に追いつめたため、人間は自己主張の行為によって神に対立せねばならなかった。また予定における神の自由な意志と結びついた「神の絶対的な力」(potentia Dei absoluta) というオッカム主義の教説は、人間から世界との意味ある結びつきを奪ってしまったとも言われる。このような後期スコラ学の理解に対してパネンベルクは批判し、それは支持できないという。「神の絶対的な力」に基づく中世後期の主意主義は、ブルーメンベルクが言うような「非人間的な傾向をもった思想」ではなく、反対にドゥンス・スコトゥスやウィリアム・オッカムにとって神が自由であるだけではなく、まさに人間の自由が問題であった、とパネンベルクは言う。というのは当時の教会はアリストテレス主義に立つ宇宙論的な決定論を主張する人たちから脅かされており、運命論や星辰信仰に立つ宇宙論の強制に対して、中世後期の神学は神の自由と同じように人間の自由をも弁護しようとしていたからである。パネンベルクは「もしそうであるならば、近代と中世後期との関係は、ブルーメンベルクの見方とは異なったものとして評価されるべきである」と反論する。彼によれば「近代とは、キリスト教の神思想がもつ恩恵絶対主義に対する人間の自己主張の行為から生じたのではない」のであり、近代の歴史的な起源はまったく別のところに求められるべきである。(47) そしてパネンベルクはその起源を宗教改革的な自由の歴史的展開の中に求めることができると考えている。

本章においては現代神学の中で自己自身の宗教的経験から世俗化を捉えている思想家を選んで考察してきた。ゴーガルテンは実に難解な思想家であって、ドイツ人の悪い傾向を代表するような感がある。彼は第一章で問題としたルターに由来する世俗化の肯定的側面と否定的側面とを取り入れながら、一方においてヨーロッパの精神史的出来事でありながら、同時に信仰そのものに由来する根源をも捉えようとする。ここから一見すると複雑怪奇な議論を展開させている。信仰に由来する世俗化は神話的な世界を崩壊させ、歴史的な世界に人を導くが、もう一つの面は近代に起こった世俗主義と呼ばれる否定的な側面、世俗化の堕落形態である。この世俗主義には三つの形態が認められると主張した点と世俗化と世俗主義の区別が優れた分析であるといえよう。次に一時代前に人気があったコックスの世俗化の神学は、ボンヘッファーの「深いこの世性」といった観点が組み込まれたもので、現代の経験に余りにも譲りすぎたものであって、世俗化を実現しようとする試みであった。しかし、これではキリスト教が全く骨抜きにされてしまっており、キリスト教である必然性がなくなっている。終わりにパネンベルクの世俗化論を紹介したが、さすがに優れた神学者にふさわしい鋭い論点が示されていると言えよう。しかし、彼が最も力を注いだ世俗化の出発点は、一七世紀後半、教派戦争の終わりの段階で、とりわけドイツにおける三〇年戦争の時代に、全ヨーロッパ史の進展における深い溝が生じたことから起こったと説かれている。それが歴史的に正しいと実証されるとしても、このように世俗化を「キリスト教世界」の終焉として捉えると、議論の全体が歴史的な決定論となりやすく、世俗化のダイナミズムが失われてしまう。なおブルーネンベルクとの論争もカトリックとプロテスタントとの世俗化の理解の相違を示すよい例となっている。

注

(1) バーガー『異端の時代』(前出序論) 七九—八二頁。
(2) バーガー前掲訳書、八二頁。
(3) ゴーガルテン『近代の宿命と希望』熊沢義宣、雨貝行麿訳「現代キリスト教思想叢書」白水社、二三七頁。
(4) ゴーガルテン前掲訳書、二三七頁。
(5) Der Mensch zwischen Gott und Welt, 1956,S. 107-08, 139-40 を参照。
(6) ゴーガルテン前掲訳書、二四一頁。
(7) 詳しくは金子晴勇『人間と歴史』九五—九九頁参照。
(8) ゴーガルテン前掲訳書、二四五頁。
(9) ゴーガルテン前掲訳書、二四六頁。
(10) ゴーガルテン前掲訳書、二四四頁。
(11) ゴーガルテン前掲訳書、三四〇頁。
(12) ゴーガルテン前掲訳書、三四六頁。

(13) J. Stenzel, Metaphysik des Altertums,1971,S.85.
(14) ゴーガルテン前掲訳書、三四七頁。
(15) ゴーガルテン前掲訳書、三五一頁。
(16) ゴーガルテン前掲訳書、三九二頁。
(17) ゴーガルテン前掲訳書、三九三頁。
(18) ゴーガルテン前掲訳書、三九五―九七頁。
(19) Ernst Troeltsch, Gesammelte Schriften, Bd. 2, Zur religiösen Lage, Religionsphilosophie und Ethik, 1922, S. 748.
(20) このルター的な「根底」や「霊性」については金子晴勇『ルターとドイツ神秘主義』創文社、「序論」一四―一七頁、第四章「根底学説の受容過程」一六七―二〇〇頁、第五章「初期の聖書講解における〈霊〉概念」二〇一―三六頁を参照されたい。
(21) ゴーガルテン前掲訳書、四六九頁。
(22) ゴーガルテン前掲訳書、四七一頁。
(23) ゴーガルテン前掲訳書、四七三頁。
(24) コックス『世俗都市』塩月訳、新教出版社、一七頁。
(25) H.Cox, The Seductin of the Spirit, 1974, p. 156. ウイルソン『現代宗教の変容』(前出第二章)一四五頁より引用する。
(26) コックス前掲訳書、一三頁。
(27) コックス前掲訳書、一四頁。

(28) コックス前掲訳書、一四頁。
(29) コックス前掲訳書、一六頁。
(30) ウイルソン前掲訳書、一四三頁。
(31) H. Cox, op. cit., p. 243. ウイルソン前掲訳書、一四四頁からの引用。
(32) バーガー『天使のうわさ』（前出第二章）五五頁。
(33) 両者の論争は次の書物で展開している。Wolfhart Pannenberg, Christentum in einer säkularisierten Welt, 1988: Christianity in a Secularized World, 1989（『近代世界とキリスト教』深井智朗訳）Hans Blumenberg, Die Legitimitaet der Neuzeit, 1966. パネンベルク前掲訳書、三四—三五頁。
(34) パネンベルク前掲訳書、三五頁。
(35) パネンベルク前掲訳書、四四頁。
(36) パネンベルク前掲訳書、四五頁。
(37) Ernst Troeltsch,Das Wesen des modernen Geistes, 1907, in: Gesammelte Schriften, Bd. IV, S. 328. および E.Troeltsch, Die Bedeutung des Protestantismus für die Entstehung der modernen Welt, 1906, 2Aufl. 1911, S. 32.『近代世界に対するプロテスタンティズムの意義』堀孝彦訳「トレルチ著作集」第五巻、ヨルダン社、三一一頁。
(38) パネンベルク前掲訳書、一〇二頁。
(39) パネンベルク前掲訳書、五三—四頁。パネンベルクはラブの見解を引用しながら次のように述べている。「ひとはもっとも早い段階では、一五世紀のイタリア・ルネサンスを、あるいは宗教改革を近代ヨーロッパの歴史的な溝として考察した。しかしこの［ラブの］一七世紀の考察を通して、意味ある時代区分は教派戦争の終わりにあり、近代の世俗化されたヨーロッパ文化や社会秩序の起源が一七世紀にあることが明らかになったと思う。近代の起源は一七世紀後半へとさかのぼるものであり、それはルネサンスやルターの宗教改革へとさかのぼるものではない。またそれはフランス革命へとさかのぼるものでもない」。

(40) パネンベルク前掲訳書、四八頁。

(41) パネンベルク前掲訳書、四八—九頁。

(42) パネンベルク前掲訳書、二二頁。翻訳者の深井智朗によると「彼が考える教会的キリスト教とは、人類の統一をも射程に収めたエキュメニズムを伴った教会的キリスト教のことである。それによってあの一七世紀の教派分裂へと至ってしまった宗教改革を完成させる可能性を切り開くことになるとパネンベルクは考えたのである。そして彼はそれを〈新しいキリスト教的総合〉と呼んだ」。

(43) パネンベルク前掲訳書、二三頁。それが日本においてどのような意味をもつであろうかと深井は疑問を発している。パネンベルクはドイツにおける国民教会的な体制の残る領邦教会に立脚して論じているが、日本ではその次の発展段階である「教会と国家の分離の原則」を前提とした「自由」が問題となっている。それゆえ同氏は「そこにはまさに質的な差異が存在している」と言う。

(44) 深井智朗『アポロゲティークと終末論』北樹出版、一九九九年、二一〇頁以下の叙述による。

(45) H.Blumenberg, Die Legitimität der Neuzeit, 1988, S. 27. 深井、前掲書、一九六頁からの引用。またこれに続けて「一八世紀末以降における教会内部での定義の転換は、この述語の歴史に対して何の役割も果たしていない。この転換は世俗化の史的・政治的概念と関連してはいるが、史的・歴史的概念から導き出される歴史哲学的なカテゴリーとしての世俗化をそれ以上に規定したり、決定したりするものではなかった」と彼は言う。

(46) 本書第四章第三節2、二一〇—一三頁参照。

(47) パネンベルク前掲訳書、一三四頁。

第四章　現代の諸科学における世俗化の理解

これまで世俗化の問題を宗教社会学と神学において考察してきたが、当然のことながらその他の学問領域の学者によっても研究対象とされている。そのすべてにわたって論じることはここではできないので、幾つかの注目すべき論点をまとめておきたい。

第一節　歴史家による世俗化の解釈

1　ヘーゲルの歴史観と世俗化

歴史学そのものがヘーゲルの時代に起こってくるのであって、彼はフランス革命を大学生の時に経験し、時代の大きな変化に気づいていた。彼は哲学者として一方においてキリスト教思想を哲学に取り入れ、そのさい宗教的な「表象」を哲学的な「概念」に「翻訳する」と語っているが、こういう仕方で世俗化を意図的に行なっている。だが、同時にキリスト教の自由の精神が世俗に適用され実現されるプロセスこそ歴史に他ならないとも明確に説いている。したがって、彼は世俗化現象を積極的に把握していくことになり、単に宗教が哲学へと世俗化されるだけでなく、宗教的な理念の積極的な実現としての世俗化を弁証法的な歴史の考察によって説いている。

たとえばヘーゲルは『歴史哲学』の中でキリスト教の神学的歴史観、「摂理が歴史を支配している」という命題を哲学に翻訳し、「理性が世界の支配者である」とみなし、歴史哲学的仮説を立てる。すなわち精神の本質は自由であるから、歴史の中に理性を実現する精神は自由の意識の実現であり、単なる個人的恣意、関心、欲求、行動のようなものではない。「世界史が理性的に行なわれて来たのであって、世界史は世界精神の理性的で必然的な行程であった」、「世界史とは自由の意識の進歩を意味する」といった言葉の中にヘーゲルの歴史哲学の根本思想がある。この自由の意識は世界史の三段階を経て発展してきていると彼は考えた。その要点を示すと次のようになる。① 東洋人は、精神そのもの、あるいは、人間そのものが、それ自体で自由であることを知らない。というのは彼らはひとりが自由であることを知るだけだからであるが、このひとりは専制君主であるほかなく、自由な人間ではない。② ギリシア人においてはじめて自由の意識が登場してくるが、ギリシア人もローマ人と同様、特定の人間が自由であることを知っていただけで、人間そのものが自由であることは知らなかった。だから彼らは奴隷を所有し、美しい自由な生活と生存を保証されたが、その自由は偶然の、はかない、局部的な花にすぎなかった。次の③ ゲルマン人についてはこう言われている。

「ゲルマン国家のうけいれたキリスト教においてはじめて、人間そのものが自由であり、精神の自由こそが人間のもっとも固有の本性をなすことが意識されました。この意識は、まずはじめに、精神のもっとも内面的な領域である宗教のうちにあらわれましたが、この原理を世俗の世界にもうちたてることがさらなる課題であって、その解決と実行には、困難な長い文化的労苦が必要とされました。キリスト教をうけいれたからといって、たとえば奴隷制がすぐに解体されることはなかったし、まして や、国家に自由が浸透し、政治体制が自由の原理にもとづいて理性的に組織されるといったことはなかった。自由の原理を世俗の世界に適用し、世俗の状態に自由を浸透させ自由を確立するには、長い時間の経過が必要で、その経過が歴史自体なのです。原理そのものとその適用（現実の精神と生活へのその浸透）とのちがいについてはさきにもふれましたが、このちがいは歴史哲学の根本命題であって、思想の本質をなすものとしてそれをしっかりおさえておかねばなりません。ここではこのちがいが、自由の自己意識というキリスト教の原理をめぐってうかびあがっていますが、ちがいは、その本質からして、自由の原理一般をめぐっても生じてきます。世界史とは自由の意識が前進していく過程であり、わたしたちはその過程の必然性を認識しなければなりません[1]」。

このようにヘーゲルはキリスト教の理念が歴史において実現してくる過程を世俗化として弁証法的に捉えている。そのさい、彼は歴史における世俗化のプロセスを考察しながら、「絶対者は結果である」と語るとき、キリスト教的神の国思想である千年王国説の巨大な試みが行なわれているといえよう。この種のキリスト教的な終末論では歴史は神の計画によって実現するが、それは人間の情熱なしに実現しないと説かれている。しかるに同じく弁証法に立っているとはいえ、マルクスが経済思想による行為的実践を説くことにより、一方で唯物弁証法によって歴史の必然性（目的）と他方で暴力的な革命の行為を媒介とする歴史の前進（手段）とがともに説かれ、目的と手段とが分離して、そこに二義性（曖昧さ）が表れている。

2　ドーソンの世俗化論

イギリスのカトリックの中世史家ドーソンは宗教と国家もしくは文化との関連について一貫して研究を続けてきている。彼の晩年の思想はその著作『キリスト教文化の歴史的現実』において語られている。そこに述べられている世俗化についての彼の見解をここでは紹介しておきたい。彼の宗教と文化に関する基本姿勢にまず注目してみたい。彼によると「キリスト教徒の生活の本質である創造的行為は、文化という目に見えない表面のずっと深いところで起こり、同じことは、精神的堕落にも、またその対極にある背教についても言える」[2]。したがって、宗教と文化はお互い何の関係もない二つの別世界のものではなく、両者の関係は深いところで繋がっている。これを理解できなかったところに現代の大きな誤りがあり、とくにブルジョワ・リベラリズムやマルクス主義、またはあらゆる形態をとった全体主義的大衆国家が犯した典型的な過ちがある、と次のように強調されている。

「このように宗教と文化が別々のものであると仮定することにより、この二世紀の間西欧人は大きな誤りを犯していた。まず、我々は人間の生活を二つ――つまり、個人の生活と国家の生活――に分け、宗教を完全に前者のものだけに限定してきた。この誤りは、ブルジョワ・リベラリズムに典型的に見られるが、また、英語圏の国々に最も広く見られる。しかし、今や人間は更に進んで、分裂した世界を非人間的で物質的な力の支配下で再統一したので、個人は全く価値がなく、また宗教は個人の幻想或いは満足を希求する個人のこじつけにすぎないとみなすまでになっている」(3)。

しかし、キリスト教徒にとっては、文化生活の中の目に見えない原則や国家と文明の運命といったものは、常に人間の心や神の御手の中になければならない。信仰は個人の心に宿るものであって、究極的には、個々の歴史的・個人的状況の中で下る啓示に対する個々人が示す反応である。それゆえ個人を無視した歴史的決定論は単に人間の心を人為的に結びつけたものにすぎない。国の運命や時代の性格を決定するような大きな文化的変革や歴史上の革命は、個人の信仰や洞察力、拒絶や無知といった多くの精神的決定の累積的結果である。実際、文化の大きな変革が起こる過程は、何世紀にもわたるものであり、そこには広範な精神的実相をもつさまざまな要因がある。こう述べてから彼はその例としてローマ世界の改宗や西欧キリスト教の世俗化をあげ、世俗化について次のように語っている。「例えば、西欧キリスト教の世俗化は、第一にキリスト教的統一が失われたことから始まったが、その原因となったのは世俗主義ではなく、激しい宗教的情熱や競争相手の宗教教義との衝突であった。

第二には、社会活動の分野での責任をキリスト教徒が放棄してしまったことから起こったが、一九世紀イギリスはまだキリスト教社会であったとはいえ、そのエネルギーを富の追求にそらしてしまったキリスト教社会であった。そして、最終的には、西欧キリスト教の世俗化は信仰の衰退をもたらしたが、堅固な信仰心はこれまで述べてきた二つの過程で既に蝕まれてしまっていたので、それはある程度、不本意なことではあるが、不可避であった[4]」。

この世俗化のプロセスをドーソンは三つの世紀に分けて簡略化して示している「もしある世紀に宗教分裂が起こってキリスト教の統一が失われ、次の世紀にキリスト教的生き方を個人の行動面だけに限定し、社会や政治という外的世界の為すが儘にさせていたら、更にその次の世紀には、普通の人は外の社会的な世界を現実の客観的基準として受け入れ、信仰や宗教といった内面的世界を主観的で非現実的で空想的なものと見做すようになるであろう[5]」。したがって世俗化の過程は信仰の衰退からではなく、信仰世界へ社会的関心が薄れることから起こる、と彼は主張する。だから、「宗教は普通の生き方には無関係で、社会は信仰の真理とは何ら関係がないと人々が感じた瞬間に、世俗化は始まる」。世俗化は宗教が社会からその力を衰退させていく現象であって、教会と世俗世界、現世と来世という昔からの対立とは区別される。この二つの世界と世俗化された現実との間にある緊張関係に生きるのがキリスト教徒の使命である。キリスト教文化はキリスト教徒の数が増すことによって水平的に拡大されるのみならず、人間生活に神の王国を垂直の方向へと広げる絶え間ない努力をも意味している。

世俗化を克服するためにドーソンは個人的体験の限界のみならず、個々の社会の限界をも越える歴史的な力を逆転させる必要があると言い、文化の最終的な運命を決定するのは、創造的な力である個人の心であることを力説する。

「文化を変革する第一歩は心の中にある文化の型を変えることである。これが最終的には社会的な生き方を変え、それによって新しい文化を造り出す新しい生き方を生み出す種子となるからである。新しい思想が新たな道徳的行為や新たな精神的活力より重要であると断言しているのでは勿論ない。知識と意志と行為は生活上不可分であり、魂は全ての生活の中核である。だが、文化の世俗化が始まったのは思想面においてであり、これを覆すには思想が変化するしかないと思うのである。思想がいかに生活に影響を及ぼし、また思考の力が行為にいかに影響を及ぼすかを過小評価するのが、昔からアングロ・サクソン民族の弱点であり、こうした誤りを犯した結果、イギリスやアメリカの多くのキリスト教徒が、自分達の時代の文化がキリスト教的でなくなるまで、文化の存在に気付きさえしないという事態を招いたのである(6)」。

わたしたちが注目すべき点は、個人が社会にいっそう関わりをもつような信仰の生き方が世俗化を克服する「文化の型」としてここに要請されていることである。

3　歴史家ラブの見解

カトリックの歴史家ドーソンは宗教改革によってキリスト教の統一が失われた時点を世俗化の端緒として捉えていた。この点をプロテスタントの歴史家たちも認めており、世俗化現象と宗教改革を実現した諸国との繋がりに注目し、世俗化した社会の人間学的な基盤に起こった変化を「キリスト教共同体」の崩壊という現象と結びつけて研究した。それは西欧の信仰の分裂に由来する教派的な対立と戦争の時代に起こっている。つまり「キリスト教共同体」は初期のヨーロッパ文化において生まれ、続いてキリスト教的な中世においても維持され、宗教によって社会における人間像が形成されており、すべての人間にとって一致した意識の基盤となっていたものである(7)。

このことを最初に指摘し、歴史的に実証したのはアメリカの歴史家セオドア・K・ラブである。彼はプリンストン大学出版局から一九七五年に、第二次世界大戦以来のさまざまな歴史研究の成果を集めた書物を著し、ヨーロッパの一六、一七世紀における危機について、また一七世紀中葉以後の時代の変革と新しい出発とを論じている。彼は一七世紀の後半、教派戦争の終わりの段階において、とりわけドイツにおける三〇年戦争の時代に、全ヨーロッパ史の進展における「深い溝」が生じたという結論を慎重に定式化するに至った。すなわちこの溝の後、人間の態度に根本的に新しい変化が、とりわけ「宗教的な不寛容の後退」によって規定された態度が生じたと説いている。

ヨーロッパの歴史の転換点としての一七世紀に起こった人間学的な変化というのは、人間の共通本性についての新しい思想であった。ラブの功績は、一七世紀の中葉に終わった教派戦争の時代、とりわけドイツにおける三〇年戦争の時代に近代への開始となる一つの深い切れ目を見出したことである。その出来事の中に人間の根本的に新しい態度と理解が、とりわけ宗教的な非寛容の放棄ということに特徴づけられている態度と理解とが認められる。つまり狭い意味での近代の開始にとって、一六四二年から四八年までのイギリス革命がもっている時代区分上の意義はイギリスを越えてこの時代のすべてのヨーロッパの歴史にも妥当する。したがって宗教戦争によって、人間社会の政治的、法的な生活形態の基盤として宗教が有効であったというような時代が終わりを告げたのである。そしてあらゆることが人間の本性に従うという新しい態度が生じたのであった。一七世紀の中葉に起こった歴史の裂け目は、社会秩序が制度的に宗教の影響のもとに規定されていた時代が終わったことを示している。このことは「キリスト教的共同体」の終焉であって、キリスト教的な中世全体の終わりを意味している。フランス革命はこのような古い共同体の最終的な終息を宣告したのである(8)。

このように近代の開始を中世のキリスト教的共同体の終焉と結びつけることは歴史的に注目すべきことであって、それを歴史的に実証して見せたラブの研究は優れた成果であるといえよう。しかし、わたしたちが問題にしている世俗化の出来事をそれに固定することは不可能である。なぜなら世俗化は長い歴史において次第に宗教が社会から撤退していく現象であって、特定の歴史的時点に固定化できる性質の出来事ではないからである。

第二節　思想史家の世俗化論

ヨーロッパ近代における世俗化の問題は長期にわたる歴史的現象であって、歴史家は一般的に言って近代をフランス革命をはさんで前期と後期とに分けていたが、前節で紹介したように近代と中世との間にまた一七世紀の中葉に深い溝を認め、そこに世俗的な近代の起源を捉えていた。このことは思想史における宗教改革と近代思想の区分の問題としても扱われているテーマに他ならない。そこには両者の間に連続や非連続その他を説く諸学説が提起されている。非連続の立場を代表するのが、エルンスト・トレルチであり、連続を広大していく立場の代表はカール・レーヴィットであるが、段階的な展開を説くのがフランクリン・バウマーである。これらの学説の論旨を次に述べてみたい。

1　トレルチの近代史観

トレルチはルター的な宗教改革の精神とカント的な倫理学とを結びつけたリッチュル学派から出発しながらも、近代世界とプロテスタンティズムとの関係について有名な定式化をなし、プロテスタンティズムを二つに分け、古プロテスタンティズムと新プロテスタンティズムとに区別している。したがってそのもっとも重要な論点は、近代世界と宗教改革との間が非連続となっていることを説いているが、同時に連続面をも視野に入れながら両面を捉えていることである。当時カール・ホルがカント的な厳格な倫理主義に基づいてルターを解釈し、ルター・ルネサンスによって宗教改革の中に近代的なものを見出し、それによって宗教改革の精神と現代とを直結するように試みていたが、トレルチはこの視点からも自らを区別している(9)。

したがってトレルチは宗教改革と近代とを直接結びつけることをしなかった。彼は『ルネサンスと宗教改革』で論じているように宗教改革それ自体はなお中世に属するものとし、近代は確かに宗教改革との関連を保持してはいるが、その厳密な意味での出発点は、宗教改革がもつ中世的な構造が崩壊した後、いわゆる新プロテスタンティズムによって開始されると考えた。こうして彼は近代世界が一六世紀の宗教改革によって成立するというよりは、むしろ一八世紀の啓蒙主義と結びついて成立すると考えたのである。それゆえ宗教改革と近代思想との関係は間接的な影響にとどまっており、偶然的な副作用もしくは不本意な結果にすぎないと考えたのである。

しかし、この新プロテスタンティズムにおける教会的な権威文化やその権威からの解放やキリスト教的中世の崩壊が指摘されていても、新しい近代文化を創造しているであろうか。トレルチはこの場合そこに積極的な面のみならず、近代の諸問題の原因をも見ている。それは彼のいう「文化総合」の観点から主張されている。彼によると歴史的に与えられているものの評価の基準は「現代的文化総合」(gegenwärtige Kultursynthese) によって捉えられる。すなわち、歴史的なものはすべて個別性を根本性格としており、相対的であって、歴史の記述はどこまでも個別的・相対的に捉えられなければならないにしても、歴史の価値評価の基準のほうは「当の歴史過程から有機的に成長してきており、思想と現実との間には、ある秘められた結びつき、主観と客観との本質的同一性が存在する」ことから得られる[10]。したがって歴史の諸時代はその固有の中心から把握されるため、何時も同一で変わることはないにしても、現時点で行動し観察する主体の関心からのみ歴史的選択の方向と客観化および叙述の方向は生まれてくる。これが「現代的文化総合」に他ならない。ここから社会は歴史的に理解されることになり、超歴史的な永遠の価値基準といったものはユートピアとして否定されるようになり、歴史主義が主張されたのである。しかし「他ならぬ価値基準と現代的文化総合との本質的な結びつきが、歴史理論の中軸とされる。それによって歴史という科学の客観性問題は、一段と深く具体的研究に即して立てられるようになる[11]」。こうして一方においては歴史の客観性が説かれ、他方においては解釈する主観性が確立されている。両者はともに必要であって、その統一こそ現代的文化総合なのである。

では近代世界は独自の文化総合を行なってきたのであろうか。トレルチによると「近代世界は古い宗教的な束縛の破壊という仕事を徹底的な仕方でなしたが、真に新しい力を生み出すことはなかった[12]」。したがって近代それ自体は未だ完成していない状態にあることになる。つまり彼によれば近代世界には中世のような偉大な統一性、あるいはそれに先行するキリスト教的な古代の総合のようなものが存在しておらず、近代はなおそれを生み出していない。彼は次のようにも述べている。「権威と超自然主義、自然哲学的ならびに歴史哲学的世界像、その人間学と心理学、霊感を受けた諸著作と聖なる諸伝承とを携えた中世の教会的世界は終わり、それはそれ自身とそれが古代から引き継いだ遺産から歩み出て、ひとつの新しい世界に変化する。しかしこの新しい世界には、その根源や展開の統一性が欠如している。なぜならこの新しい世界は、あの古い世界のように、その下にすべてを屈服させ得る唯一の権威思想、彼岸的、宗教的、超自然的な権威思想によって支配されていないからである(13)」。

これが、近代世界は確かに古い宗教的束縛の破壊の仕事を徹底的に成し遂げたが、真に新しい力は生み出さなかったということの意味である。そこにトレルチは近代の危機と諸問題の根源を、そして同時に現代が直面するさまざまな問題の原因を見出している。その中に世俗化問題も含まれており、近代思想は宗教から自らを分離する世俗化を促進していても、未だ宗教による文化総合を実現していないといえよう。

2　レーヴィットの世俗化論

哲学史家として優れた業績を残したレーヴィットの世俗化論は「近代の歴史哲学はキリスト教歴史神学の世俗化である」という命題に端的に提示されている。この命題は一般的にはキリスト教と近代との断絶を、少なくともその相違を意味しているのであるが、彼の場合にはこの両者の連続面をも主張する特異な主張となっている。したがって彼はキリスト教と近代を一括してそれらが共にギリシア的な神聖なコスモスからの「世俗化」であると説くのである。これまでの通念にしたがえば、彼も後に認めているように、キリスト教の歴史意識が世俗化されて近代の歴史哲学が成立しており、世俗化された近代的歴史意識を問題視している。しかるに彼の意図はそうではない。どこからこのような考えが生まれてきたのか。

彼がヨーロッパ思想史を研究して得た結論は、歴史と人間は頼りにならないもので、宗教も人間に属しているから頼ることができないがゆえに、残るのは自然だけであって、スピノザとともに尊重する古代的な「コスモス」に帰らねばならないということであった。彼は『世界と世界史』の中で存在の全体は神・世界・人間のいずれに帰すべきであるかと問うて、総じて歴史的な解答は相対的であるから、そこからは答えが出てこないと語り、ソクラテス以前の世界に立ち返るべきであるという彼の見解を秘めながら次のように語っている。「この困難から抜け出る出口は一つしかない。しかももっとも信頼のできない、当てにならないのは、むら気な人間である。そこで残る選択は、自然的世界と聖書の伝承による神、すなわち世界の外なる神のいずれかにするほかない。ところが、その神は信じられるだけで見られも知られもしないし、哲学は知ろうとするものであって、信じようとするものではないから、神と世界との二者選一は可視の世界に限定されて来る(14)」。

神は不可解であり、人間は当てにならないから、残るは自然的世界だけであると彼は語り、最も相対的である歴史と人間とを相即させる歴史主義を拒否し、ギリシア的な自然主義と観照的な生活へ復帰しようとする。歴史と人間との相即はキリスト教信仰に由来するものであり、アウグスティヌス、パスカル、カント、キルケゴールを経てハイデガーに及ぶ西洋思想史上の内面的な連関にその傾向が顕著に見られると彼は強調している。

それゆえ彼の力説する「世俗化」はコスモスを非神聖化するキリスト教の創造思想から起こっており、この点でキリスト教と近代とは連続していると考える。つまり神の創造を説くキリスト教にせよ、人間の創造を説く近代思想にせよ、単に歴史的な思考に立つかぎり、「本性的に存在しているものの全体的な一者」としての神聖なコスモスとは相違している。そこで彼はこのキリスト教と近代思想との両者を併せて否定しながら、古代の「コスモス」への復帰を説いている。したがって世俗化の概念に含まれている「否定のモティーフ」は具体的には「神」と「歴史」に基づいている思想体系に向けられている。これまでは世俗化というとキリスト教的なものから解放された近代世界のことを考えてきた。そこにはキリスト教と近代世界との断絶が想定されていた。しかしここでは「世俗化」概念によって近代とキリスト教との連携が強調されている。

レーヴィットが『世界史と救済の出来事』における叙述のすべてを費やして証明しようと試みていることは、この「世俗化のテーゼ」（Säkularisierungsthese）である。本来はキリスト教の信仰の事柄であるべき終末論的な福音が世俗化されて「歴史哲学」が成立したことが詳論され、そこでの歴史と結びついたキリスト教から近代の歴史意識が生まれてくるプロセスが解明されながら、それらのすべてを彼は全体的に否定しようとする。しかもこの否定による破壊作業を通して彼はコスモスの現実に復帰しようと試みている。

このように彼はキリスト教と近代思想との連続性を古代的なコスモスの世俗化において主張しているが、キリスト教と近代思想との非連続の面をも絶えず説いている。両者はその歴史観における「進歩」の思想、つまり将来における目標の実現をめざす前進や進歩という点で一致しているとしても、両者の間には絶対的な相違点が認められる。レーヴィットは言う、「ギリシア人とローマ人の世界も、キリスト教徒の世界も、ひとしく宗教的であるのに、近代の世界は世俗的である。……キリスト教以後の世界は、創造主のいない創造物であり、宗教的なパースペクティヴを欠いているため、もはや〈世俗的〉（pro-fan　聖所に直面するという意味での）であるどころか、端的に現世的である俗界なのである」[15]と。したがってキリスト教が神の導きのもと超歴史的で終末論的な目的を立てているのに反して、近代の歴史意識は歴史に内在的な発展や実現を考えている。そこに彼は神の不在という世俗化を捉え、歴史意識の内実が「神」から「人間」に移行しているという。この点ではわたしたちがこれまで考察してきた世俗化を彼は肯定しており、近代思想の特質が「神の不在」にあることを知っていた。この観点は次に扱う思想史家バウマーにおいては重要な意味をもってくる。

3　バウマーのヨーロッパ思想史の理解

ヨーロッパの近現代思想史を扱った多くの書物の中でフランクリン・バウマーは、世俗化の問題をも射程に入れた優れた見解を表明している。その著作『近現代ヨーロッパの思想――思想の連続性と変化――』（一九七七年）で思想史を「時代思潮」（climate of opinion）の観点から把握し、時代に内在する複数の思想やイデオロギーを視野に入れ、これらと未だ表明されていない思想の下にあって、それらの前提となっている思想形態を解明している。そして哲学の「永遠の五つの問い」つまりヨーロッパの全時代を通して提起され続けている「神・自然・人間・社会・歴史」についての問題を扱っている。そのなかでも「神」の問題は世俗化論と関係が深く、それはつねに「始源と究極」を探求しており、人間の本性が自然主義的な範疇では捉えられない超越的次元をもっていることを示している。なお現代の世俗化した社会では宗教的な関心が薄らいでいるが、この傾向もまた歴史における神の問題に対する一つの回答であるとみなされている。こうして彼は独創的な発想によって上の五つの問題に対する分析を行ない、「存在」（being）と「生成」（becoming）という二つの概念を手がかりにして近現代の思想史の特質が次のような四つの類型に分けられる。

① 一七世紀――「生成」に対する「存在」の優位（Being over Becoming）
② 一八世紀――「存在」と「生成」の併存（Being and Becoming）

③　一九世紀――「存在」に対する「生成」の優位（Becoming over Being）

④　二〇世紀――「生成」の勝利（The Triumph of Becoming）

一九世紀は生成が存在に優位をもった時代であるが、その中で決定的な優位の宣言がエルネスト・ルナンの言葉「〈存在〉の範疇を〈生成〉の範疇で、〈絶対〉の概念を〈相対〉の概念で、〈不動〉の概念を〈運動〉の概念に置き換えたこと」に見出されると言う[16]。ルナンの頃に思想の潮流が変化しはじめ、静的に見られていた世界が限りなく動的に見られるようになって、ベルグソンにおいて「生成の哲学」が誕生している。では現代の二〇世紀の思想史的特質である「生成の勝利」とは何であるか。それは生成の時代の到来に対する不安が全ヨーロッパを埋め尽くしたことである。一九一四年に象徴される革命はこれまで造られた偶像を破壊し、存在を捨て去って「生成」の果てしない大海に人々を投げ出し、漂流させたのである[17]。

さらに彼は『西欧思想の主流』（一九七八年）で、二〇世紀の、とくに一九四五年までの二つの世界大戦以降のヨーロッパの思想的境位を形容するのに Truncated Europe という言葉を使っている。truncate とは「切り取る」「円錐などの上部を切断する」という意味である。したがって「頂点が切り取られた円錐」（a truncate cone）こそ「生成」が「存在」に勝利した二〇世紀の世界像、つまり世俗化された近現代のヨーロッパ思想の全体像なのである[18]。

円錐の上部を切り捨てた二〇世紀の時代思潮の特徴は「喪失感」、「超越性の存在への信仰の喪失」

であり、そしてこの「喪失感」は、実存主義文学の中の随所に見られ、やがて「不条理」(absurd)、「疎外」(alienation)、「不安」(anxiety)によって示されているという。それは「絶対の放棄という事態」となって今日の価値の相対化ないし相対主義の時代となり、デカルトによって定立された近代的自我ないし主体性そのものが問題化し、また「神の触」が発生して真理・価値・規範が相対化し、「文化のほぼ全面的な世俗化」の進行とともに、シュペングラーの言う「西洋の没落」が現実のものとなったと説かれている。

それゆえ、円錐の上部にあったものは「垂直の次元」、「霊的次元」と呼ぶべきものを逆転させてみるならば、それは「深さの次元」と呼ぶことができる。この部分こそが「現代」が放棄した〈存在〉の次元であって究極的には神から切り離され、自由になったとはいえ、ニーチェの言葉をかりれば、「自由な精神の持ちぬし」となって、外に向かって漂白する「超人」が登場している。しかし存在から切り離された「自由」は、規範を捨て去った恣意としての自由に過ぎない。

この先端を切り落とされた円錐は「世俗」そのものであって、その中ではどこにでも行くことができても、そこには何の意味もない。なぜなら、規範の失われた社会で、自分が望んだことなら何をしてもかまわないということは、何をしたところで価値を与えられないからである。こうして、かつてあった「存在」である超越的なものを知らない「現代」の人間の生は孤独であって、自己以外に向かい合うものがなくなった。そこにハイデガーやサルトルは「自由」を捉えているが、カフカやカミュらはそれを絶望的な苦境として物語っている。こうして、相対主義、世俗主義、神の死、ニヒリズムという「現代」を特徴づけるさまざまな思想が、かつてないほどの「喪失感」の中で〈生成〉の勝利を高らかに宣言している。

バウマーは「存在」と「生成」との間に、すなわち「永遠のもの」と「永遠でないもの」との間に、健全な混合ないし緊張がなければならないとしながら、それを取り戻すことは容易ではないとしている。(19) 彼は永遠に問い続けられる問いの存在こそが、歴史の中の恒久的要素の存在を示唆していると結論づけている。(20) それゆえ「生成」のただ中でも確かに存在するような、「超越的な目的」の存在について問い続けなければならないことになる。問い続ける精神が存在している間は、そのような精神が問う「存在」もまた存在するのである。

第三節　自然科学者の世俗化論――ヴァイツゼカーの場合

自然科学者の中でも世俗化問題に関心を寄せている多くの研究者がいると思われるが、ここでは現代ドイツの理論物理学の最高権威者にして自然哲学者であるヴァイツゼカーを通して考察してみたい。彼はマックス・プランク物理学研究所部長兼ゲッティンゲン大学名誉教授を経てハンブルク大学の哲学教授として活躍した。その著作『科学の射程』（一九六四年邦訳一九六九年）の中で、彼は現代文明のもっている怖るべき病根に対する診断という仕方で理論的考察をなし、世俗化の問題に取り組んでいる。彼は最初と終わりの章で現実の実践的な問題を明らかにし、中間の部分では歴史的考察と理論的考察を展開させている。[21]

1　歴史哲学的テーゼ

まずヴァイツゼカーの歴史哲学的テーゼといわれるものを問題にし、彼がこれを歴史的にどのように解明しているのかを検討してみたい。彼によれば現代は科学の時代であり、科学は時代の本質と運命を何らかの仕方で表明していると強調されている。彼が「科学」(Wissenschaft) と言うとき、それは技術と深く結びついたもの、したがって自然科学と技術との双生樹木のことを指している。だが科学の意義はその技術への応用以上のものであって現代の本質と運命にまで関わっている。この考えを彼は二つのテーゼにおいて把握しようと試みている。

① 科学に対する信仰がわたしたちの時代を支配している宗教の役割を演じている。

② わたしたちの時代に対する科学の意義は、少なくとも今日、二義性 (Zweideutigkeit) を表明している諸概念においてのみ解明される。[22]

このテーゼに語られている宗教と二義性 (曖昧さ) とが全考察を解く鍵となる言葉である。そして二つのテーゼはただ一緒に合わせて理解されうるものであり、彼が科学に対する信仰をわれわれの時代の宗教のごときものであると表現することにより、ある二義的な言葉がそこで語られている。現代を支配しているのは宗教的不可知論であり、非キリスト教的東欧およびアジア諸国の台頭はキリスト教を現代の支配的宗教とすることを許さなくしている。だが、それゆえに現代人の心が空っぽになっているというのは心理的にも正しくなく、この心の場所に今日科学が、もっと厳密には科学主義（Szientismus）すなわち科学信仰がたちはだかっている。第一のテーゼはこのことを主張している。ところで宗教には社会的要因として共通の信仰、組織された教会、行動様式の規則という二つの要因が本質的なものとしてあげられるが、科学信仰はそれらを満たそうとしている。信仰とは意見ではなく信頼である。知的なものではなく、実存的なものである。科学と技術をしてわたしたちの時代の偶像にしたのは、それが信頼に値すること、証された確実性である。また見えない世界の原子と数式は普通人にとって神秘であり、啓示信仰の対象となっている。そして啓示にともなう奇跡は技術化された農業、現代医学、核戦争等々である。科学宗教は宗教の社会的要因の第二である教会をもっていないが、祭司階級のごときものとして科学者自身をもっている。彼らは聖別された者であり、政治的対立を超えて、共通の真理認識により結合一致している。第三の要因の行動様式の規則は道徳に関するものである。宗教における道徳的規定は祭儀的規定から生じているものであるが、現代人の後者への類比体は自然法則に対する信仰、また機械の部品につけられている使用法に従おうとする態度に見られる。

このように科学主義が現代の支配的宗教であるとしても、それが世界の破滅をもたらし、人間にふさわしくない生活を導き出しているときには、真の宗教であると言うことはできない。それがもたらした成果、したがって科学と科学信仰の成功と不成功について問うと、第二テーゼに表明される二義性が明らかになる。科学のもたらした成果を最後まで考えぬいてみると、科学の意義の二義性が把握される。たとえば医学と衛生学の発展は人口の激増をもたらし、文明の崩壊に至り、唯一の救済手段である産児制限は人間の自由を犯す疑点が残される。国際政治でも原子爆弾は一方では戦争の抑止力として平和の維持に寄与しつつも恐るべき破壊をもたらしている。そしてこの破壊を未然に防ぐ保証はない。科学は将来さらに発展するが、今日よりも良くなるか悪くなるか予見できない。それゆえ科学の成果には二義性が見られる。科学の成果と同じく科学信仰の意味も二義的である。確かに科学は人間の理解に大きな寄与をなしている。知識は力であり、この力は責任性を意味すべきであるが、科学的認識がこの責任を遂行すべくわれわれが使用する道徳的な力をそなえていると主張するのは、事実に合っていない希望にすぎない。科学が自己の本質から人間の諸問題を解決すると信じられる場合、科学主義は迷信であり、不正な宗教である。科学が与える行為の体系は、科学自身がわたしたちに与えることができなかった、倫理の奥底を必要としている。

2　対立感情併存と世俗化のテーゼ

彼によると神なき無宗教的な現代では、科学主義が、神とその信仰がかつて人々の魂にあったのと同じように、代用宗教として君臨している。そしてこの代用宗教としての科学信仰のもっている恐るべき事実をあげている。その事実というのが対立感情併存（Ambivalenz）という心理学的事実であり、これを彼は聖書の「毒麦の譬え」（マタイ一三・二四—三〇）を借りて見事に解明する。畠に麦が成長するようにと種がまかれたが、そのあいだに混じって毒麦が生えてきた。しかし最後の審判まではこれを抜きとって捨ててはならない。もしかするとそれとともに麦も抜きとることになるかも知れないから、というのがその内容である。麦と毒麦は対立しているものである。しかしそれが併存しているという状況こそ同時に世俗化のプロセスを暗示しているのであって、現代の精神的状況を形づくっている。そしてこの対立感情併存は両義性を表している事実に基づいて分析されるのであるが、この両義性はキリスト教信仰の世俗化という近代ヨーロッパ史の基本構造の中から解明されている。

ヴァイツゼカーはゴーガルテンの主張に従いながらも、世俗化の生じてくる内的弁証法、すなわち歴史の現象の中に存在している根本構造を取りだしている。彼が試みたような歴史の内的論理として世俗化が把握されたことは注目に値すると思われる。わたしたちはこの点について彼が自然科学や歴史また政治について行なっている分析からも多くの示唆を与えられる。

『科学の射程』第一〇講は「世俗化とは何か」という表題をもっている。そこでの議論で重要と思われる点をあげてみよう。先にあげた歴史哲学的な二つのテーゼは現代の問題についての診断学的な仮説として捉え直されて、次のように補われている。

① 現代世界は広くキリスト教の世俗化の結果として理解されうる。

② 世俗化とは、対立感情併存の過程を説明する両義性をもったことばである。[23]

たとえばガリレイにおける近代科学の起源を考えてみよう。ヴァイツゼカーによると普遍的に厳密な自然法則は、キリスト教的創造の理解なしには出現できなかった。プラトン的意味での物質は理性によって説得されて初めて数学的法則に厳格に従う単なる「質料」にすぎない。それに反し神が無から創造した物質は、創造者がそれに与えた規則に厳密に従うのである。それゆえ近代科学は神の賜物ともいえるし、キリスト教の落とし子とも言えるが、今日では科学が世俗化によって両親の家とのつながりを失い、子供たちは両親の死を体験しなければならなかった。ここに近代科学の両義性がある。

永遠性という考え方は、もう一つ別の実例を提供している。キリスト教以前では世界は有限であると考えられていた。キリスト教的哲学にとっても、世界は同様に有限なものであったが、神は永遠であった。近代において世界がこの神の属性を引き受けることによって永遠性は世俗化されたのである。しかし、現代では世俗化された世界が主張した自己の永遠性が再び疑われはじめている。ここにも世俗化の両義性が認められる。

3　政治革命と世俗化

しかしこの世俗化の重みをその全体像において見ようとするならば、理論にだけ留まるべきではなく、政治の領域においても考察すべきである[24]。

政治の領域において生じた革命の多様性、たとえばアメリカ革命とロシア革命のごとき正反対なるものが可能になっているのは、近代文明に内在する二義性に基づいていて、本来キリスト教的概念である自由・平等・博愛が、強調点の置き方により革命の多様性を導き出しているからである。しかもキリスト教徒であり同時に共産主義者であることを不可能にするほど革命は自己のキリスト教的背景を忘却している。この忘却に対しキリスト教の側でも歴史の現実の歩みに無知な保守的キリスト教の自己について忘却、すなわちキリスト教の歴史に内住している急進的キリスト教と保守的キリスト教の二義性の忘却が対応している。この革命とキリスト教との敵対関係は、目的と手段についての二義性を革命が提供できるよりも、さらに深く達成できる可能性を失わせている。それゆえヘーゲルが弁証法的思惟に基づきつつ「絶対者は結果である」と語るとき、キリスト教的神の国思想である千年王国説の巨大な試みが行なわれていても、マルクスが経済思想による行為的実践を説くことにより、一方で歴史の必然性（目的）と他方で行為を媒介とする歴史の前進（手段）とがともに説かれ、目的と手段の二義性がここに見られる。

このようにしてキリスト教会は近代の真の本性について無知であり、近代世界は自然を自己に服せしめることを可能にしたキリスト教的背景について無知であって、両者ともに世俗化の意味について無知なのである。近代世界は毒麦がともに育った畠である。そこから生じる対立感情併存と二義性を正しく認識し、キリスト教信仰の新しい解釈を与える必要がある。それは科学に対しキリスト教を科学的に教育された思惟、つまり不断の自己匡正による批判的思惟において信仰にふさわしく解明するという課題である。これまで科学的思惟に理解可能な概念でもってキリスト教が説明されたが、同時にこの思惟自身がキリスト教の産物であることも証明された。歴史の重要性を自覚している思惟はこのような循環において運動しなければならず、自己自身の立脚点を絶対的真理と同一視する愚かさを克服すべき段階に今日わたしたちは立たされている。この科学的批判的意識の段階を養成することこそヴァイツゼカーが理論的仕事である彼の診断の試みを通して実践的療法に貢献しようとしている主眼点なのである。

第四節　人間学による世俗化現象の考察

わたしたちは現代の学問が世俗化問題をどのように見ているかを考察してきたが、終わりに現代の人間学がこれをどのように取りあげているかを扱ってみたい。わたし自身の人間学的探求の方法については ここでは触れることができないにしても、著名な人間学の大家の視点を理解しておくことは不可欠であると考える。ここではプレスナーとゲーレンを取りあげることにする。

Ⅰ　プレスナーの『遅れてきた国民』

ケルン大学の教授であったプレスナーは一九二八年に『有機体の諸段階と人間――哲学的人間学入門』を出版したが、大部な著作であったため、当時はあまり注目されなかった。しかし、形而上学に傾斜しすぎたシェーラーとは違って彼は綿密な生物学的考察から出発し、冷静な科学的探求を展開しており、この著作はその後発表した文化的・政治的人間学とともども今日の状況に対し優れた意義をもっている。ここでは彼の世俗化論を文化と社会の人間学との関連で取りあげてみたい。

1　脱中心性としての人間と文化

彼の根本的な学説は「脱中心性」である。それは他の有機体に対して際立った人間の特性であって、その学説は人間の生物学的側面のみならず精神科学的・文化科学的側面にも拡大されている。たとえばプレスナーは『権力と人間性』（一九三一年）において人間を文化を出現させるための生産的な場とみなし、すべての文化活動・経済・国家・芸術・宗教・科学などは人間の創造的業績として生み出されると説いている。したがってこれらの業績は人間の欲求へと還元して解釈されている。しかし彼は精神・文化科学の人間学的還元に留まっていない。つまり人間がその業績からも完全には理解されない隠された側面を絶えずもっていることを彼はその「脱中心性」から説き明かしていく。「もし人間の脱中心的地位に関する私の説が正しいとすれば、人間にとってはこれらの限界といえども透明なものとなり、自由に処理できるものとなるであろう。人間の本性が人間に、限界設定から身を引かせるのである。人間はあらゆる定義から身を引くのである。つまり人間は隠れたる人間（Homo abs-conditus）である(25)」。

人間はその隠れた本性のゆえに完全には自己を知ることができないにしても、自分が掲げた目的や実行したわざを背後に残している。それゆえ人間は歴史をもっており、人間は歴史をつくり、歴史が人間をつくる。しかし、歴史の中で活動する人間は予期しない出来事に出会って挫折し、裏切られて自己の姿を覆い、ふたたび自己を隠してしまう。こうして人間は世界に解放され、曝されていながら、同時に隠されている。元来は神の汲み尽くしがたい豊かな本質を示しているこの「隠れ」という概念は、人間にこそふさわしい。

2　世俗化の形態と意味

さて、『遅れてきた国民』（一九五九年、邦訳『ドイツロマン主義とナチズム』一九九五年）の中でプレスナーは、世俗化とは一般に近代とともに起こってきたキリスト教の衰退現象を意味しているが、同時に代替物によって内容が置き換えられる現象である点に注目している。「信仰の世俗化とは、しかしながらたんに信仰の根源的実体が喪失したあとにある種の形式や機能が残って、それを世俗的な意味内容が埋めることを意味するだけではない。以前の信念、内容及び形式が崩壊した後に、まったく新しい信念の次元で古い精神が再生することをも意味している。その観点からすると、信仰の世俗化には、なんらかの形で時代遅れになったものが、生きのいい等価物で置きかえられるという、多くの歴史経過に働く代替のメカニズムが反映されている」[26]。

彼はこの代替理論をもって近代ドイツの精神史を解明している。ドイツにおいてキリスト教信仰の世俗化の代替物となったのはまず「哲学」であり、さらに歴史学・社会学・生物学が相次いで入れ替わっている。近代啓蒙主義が進むなかで信仰の代わりに世俗文化が繁栄した背景には、ルター派教会と国家との提携が潜んでおり、ともに宗教の空洞化を促進させたことになる。ここから政治的にも宗教的にも順調に発展した西ヨーロッパの国々とは全く相違した傾向が生まれ、ドイツでは宗教に代わるものとして学問や哲学への集中が起こった。実際、自由教会を中心に神学上の問題へと社会的関心を高めていったアングロサクソン諸国と相違して、官僚的な領邦教会（Landeskirche）をかかえたドイツでは事情が異なっていた。この点に関してプレスナーは次のように語っている。「ドイツの精神的雰囲気の中ではそれに代るものとして世界観を真剣に求める態度が育った。信仰が失われたあとの代替品、もしかすると一度も確かには手にしたことがない信仰に対するこのような形での代替品はドイツにだけ存在する。というのも、ドイツ以外の国では古い信仰に発して新しい信仰態度が、あるいは真の啓蒙精神や無信仰が発展していったからである。それに対しドイツにおいてプロテスタンティズムは、世俗化という一般傾向のなかで堅固な宗派信仰を失ったものの、世界観的な表現を求める独自の敬虔な態度が生きながらえた。その姿勢は仕事と遊びに、研究と芸術に、社会、経済、国家の全活動に浸透している。そこから文化という言葉にこめられた特別な情念が理解できよう。文化の自己意識としての、また、文化を概念にまで高めた表現としての哲学は必然的に〈グローバルな〉壮大さと哲学者個人にかかわる曖昧さというドイツ特有のかたちで表われている。そしてこのドイツ的なあり方こそ、哲学の実証科学への同化を不可能ならしめている。ドイツ精神に対するいわゆるロマン主義の深い影響、つまりロマン主義がドイツ固有のもの一切の実現であり、最高の刻印であるかに見えるという事実は、市民時代の視野から見て、ルター主義が教会内では失敗であったことを暗示している[27]」。

したがって内的な信仰と外的な教会制度との緊張関係が、文化的にかつ宗教的にドイツ人を学問など世俗の領域での活動に駆りたてたのである。この領域でのみ個人は職業をもつ市民生活を持続しつつ敬虔な信者であることが可能なのである。これがドイツにおけるプロテスタンティズムの世俗化の一般的傾向であった。ここには世俗信仰が歴史における最大の可能性を実現させており、信仰のおとろえゆく時代に、市民的な趣味や読書の文化を発展させ、私人としての教養文化を開花させるにいたった。これこそプレスナーの言うように、領邦教会によってみたされなかった宗教的情熱が哲学や文化の世界に流入した結果であるといえよう。他方、彼はロマン主義における民族主義的色彩の濃い傾向についても語っており、それもやはり信仰の世俗化がもたらしたものだと説明している。(20)

3　二つの世俗化の流れ

このようにルターに由来するプロテスタンティズムの世俗化によってロマン主義が生まれたのに対し、プレスナーは「啓蒙主義の古典的形態は世俗化したカトリシズムである」と言う。その意味はこうである。「カトリックと啓蒙主義は絶対的な対立物である。けれども両者は敵同士として同一の平面の上に対峙している。両者は真の敵として緊密な補完関係を持っている。両者の関係は秤のイメージによって説明することができよう。啓蒙主義的世俗化の皿があがると、他方の神政的教権主義の皿は沈む(29)」という関係にあるという。

したがって、カトリシズム―→（世俗化）―→啓蒙主義の流れとプロテスタンティズム―→（世俗化）―→ロマン主義の流れとが存在していることになる。カトリックと啓蒙主義とは対立しているが、プロテスタンティズムとロマン主義の間にはそうした明快な対立関係は存在していない。つまり前者ではキリスト教と近代思想とは非連続であるが、後者ではそれが連続していると言われる。その理由は、ルター派のキリスト教徒にとって神に対する義務の領域が教会の領域を超えて深く世俗の領域に浸透しているからである。ここには連続面が指摘されている。だが、この説は先に第一章で説いた世俗化現象の肯定的側面を言っているに過ぎないのであって、ドイツ敬虔主義と啓蒙主義との激烈な闘争を無視しているし、世俗化を単純に代替理論で割り切っている。

もちろん世俗化したプロテスタンティズムについてプレスナーの指摘には優れた点が認められる。これについて彼は次のように説明している。「教会の影響力が薄れていく動きのきっかけをつくったのは、直接的にというより、むしろ間接的には、キリスト教信仰の復興を目指していたプロテスタンティズムであった。つまり聖書を神の啓示の唯一の源泉とする原則、それに本来許された神とのつながりは信仰からのみ生じるという行き方による個人の良心の孤立は、つまるところカトリック圏にあって人文主義とルネサンスが示したのと同じ方向に作用したのである[30]」と。したがって啓蒙主義がカトリシズムと正面から対立しながら世俗化を進めたのに対し、プロテスタンティズムは、むしろ自らの宗教を内面化させ、良心を個人化させることによって社会から宗教の力を喪失させる世俗化を推し進めて行ったというのである。「この〔ドイツ〕文化は、カトリック精神ならざる宗教精神を呼吸している。ここでは世俗的と見えるものが決して世俗的ではない。異教と見えるものが真の異教ではなく、世俗化したプロテスタンティズムなのである[31]」。

4　世俗化の最終段階である生物学的自然主義との対決

ドイツにおけるこの世俗化の歩みはキリスト教・哲学・歴史学・社会学・生物学の順に支配権を交替させていった。ヘーゲル哲学においてキリスト教の歴史観が哲学に翻訳されたことは世俗化の歩みといえよう。この点をプレスナーはキリスト教の「救済史」(Heilsgeschichite) から「普遍史」へという移行に見ており、そこに世俗化の過程を捉えている。しかし救済史的な思考は世俗化が進んでも生き続けており、知識人たちは哲学にはむろんのこと、普遍史にも社会学にも救済を求めようとした。ところが学問は信仰の対象ではないから、その正体は偶像として暴かれその地位を失ってゆく。その過程の終末には生物学が覇権を握ることになった。しかもそれは「人種の優越」を誇る生物主義的な世界観が一世を風靡するに至って生じており、ナチス一派がアーリア人種を最優秀民族とし、ユダヤ人を抹殺する人種理論となっていることをほのめかしている。

西ヨーロッパの諸国ではダーウィン主義が熱狂的に歓迎され、生物学的発展史に救済のよりどころを求めようとした人々も少なからずあったが、啓蒙主義の伝統の中には理性信仰と並んで人間への信頼が保たれていたので、生物学的な世界観への抑制がきいていた。プレスナーは言う、「初期啓蒙主義の理性信仰と人間信仰がなおも生きていたので、この運命を同時に政治的運命としては体験しなかったのである。この信仰は、彼らの公共生活の中で、生物学的な自然主義に対する強い抑制力を形成したのである(32)」と。だがドイツではその抑制がきかず、「生物学的自然主義」を運命として受け入れることになった。この主義は「人種と人種の混血、遺伝それに魂－精神の素質と肉体的特徴の関わりを説明する生物理論」と言われる。それはまた「自然科学を通じて卑俗化したロマン主義」とも称されている。

こうして時代を次々に風靡した世界観やイデオロギーに対する懐疑と疑惑とが生じてきた。もちろん伝統的な形而上学に批判の目を向けたカントの批判哲学は、信仰に余地を与えるためとは言いながらも、イデオロギー批判によって制度的な信仰や空想的な理念を解体していった。これが最高位の神を理性、歴史、社会、生物へ向かって高い場所から一段一段下へ引き降ろしてゆくような運動となった。それゆえに、この批判意識が世俗化の原動力となっている。しかもその最低にして最終段階がナチズムの「生物学的自然主義」であるとプレスナーは説いている。

プレスナー自身は生物学から出発し、「脱中心性」の観点から哲学的人間学を確立したのであるが、時代の生物学的な世界観と格闘する運命に直面したのであった。実際、この種の世界観は近代の世俗化の歴史における最終段階を示すものであったといえよう。ナチスとの対決に終始したプレスナーと対照的なのは、時代精神に迎合したゲーレンである。

II　ゲーレンの『技術時代の魂の危機』

現代ドイツの哲学的人間学を代表するゲーレンは、現代の総合的人間科学という性格をもった人間学の最高水準を示している。彼は人間を生物学的観点から捉え、人間生物学を樹立した。彼の主著『人間――その本性および世界における人間の地位』が出版されたのは一九四〇年であるから、プレスナーの主著が出てから一八年が経過していることになる。その間のボルクとポルトマンによる生物学の発展がゲーレンに大きな意義をもっていたことは、彼の書物を紐解いてみれば一目瞭然である。

1　人間の定義および人間と技術文明

ボルクの学説では「特殊化」と「停滞」とがゲーレンに影響している。猿の胎児および幼児は人間的特質を備えているのに、成長した猿は森の生活に合うように「特殊化」しており、そこに適応的進化が認められる。しかるに人間では進化が減速し、形態学的には「停滞」した猿の胎児である、とボルクは人間の顎と歯、さらに皮膚・爪・触毛から立証している。この学説からゲーレンは人間がかつてヘルダーが言ったように「欠陥動物」であり、生まれながらの生活上の「負担免除」(これも既にアルスベルクにより指摘されていた)をすべく行動するように定められているとの帰結を引き出している。次に、スイスの生物学者ポルトマンの有名な「子宮外早生の一年」という学説がゲーレンに影響を与えている。生理学的に言えば人間は正常化された早産児であって、胎児上の半期を母体外ですごし、直立歩行・言葉・技術的行動の三つの素質をもって生まれ、社会的触れ合いの中でこれらの素質を学習により発展すべき課題が授けられている。ゲーレンはここから人間が文化的行動により自らを「訓育」する動物であるとの結論を得ている。したがって行為と文化こそ人間の本質を規定しており、人間にふさわしい行動・言語・道具・文化が生み出されてくる。人間は自分に適応していない場に立って、まさしく自分の欠陥と負担から自分の生存を自力で造っていかねばならない。こうして人間の知性は動物が服する器官適応の強制から人間を自由にし、原生的状態を改変して自分に役立てる。これが技術であって、もっとも普遍的な意味において人間本性に属するとみなされている。この技術は人類とともに成長し、文明史上真に決定的な二つの区切りが生じてくる。その第一は狩猟文明から定住と農業への先史時代における移行つまり新石器時代革命であり、第二は現代における産業文明への移行である。これこそ現代の産業文明期であって、それは狩猟文明から農業文明への先史時代における新石器時代革命にも比すべき大変革期である。

2　技術時代の魂の危機

この産業文明期における人間学的状況をゲーレンは『技術時代における魂の危機』（一九五七年邦

訳一九八六年）において考察している。この時代の特質は「無生的自然」、すなわち「鉄とコンクリートの都市・電気と原子力」の世界である。このような技術時代の精神もしくは「魂」は全地球を押し包んで止まるところを知らず、「我々はつい二百年ほどまえに始まった世界産業文明のとば口に立っている」のであり、「文明の分野および人間の神経として、このさき何百年も持続しうるこの大変貌に捉われぬものは何ひとつあるまい[33]」と言う。このような状況下にある「魂の状態」こそ「技術時代の魂」に他ならない。それはフランス革命時代に活躍したスタール夫人の言う「心のヴェールはのこらず引き裂かれた。先人たちはその魂からこれほどの虚構の主題をつくりださなかった」という言葉に暗示されている事態である。では、この「虚構の主題」とは何か。それは文明が自然から遊離した場合に、それを補塡しようとして生まれるものであって、生ける現実から離れて虚構に走ることによって生じる。それが現代技術社会では道具的意識を補充するために造られる。とくに技術は道具的意識から生まれており、現代では知性も技術化してもっぱら無機的自然に働きかけ、概念化と抽象化さらに脱感性化を引き起こしている[34]。そこでは合理的思考力およびそこに展開される抽象的モデルと数学的概念形成が、無機的自然において瞠目すべき精度に達し、無機的自然は有機的自然にもまして認識可能であると考えられている。そこに顕著に現われている特質は「芸術と学問におけるもとより精神的領域上の凄まじいばかりの知性化と、直観性・直接性および非問題的な親近性の撤廃である[35]」。それゆえ芸術と科学の分野における先端的仕事と作業は抽象的・非感性的となり、結局は専門家だけが近づくことのできる表象観念を生み出し、その道の玄人に一切を委せることになった。こうした概念化と脱感性化、また数学的方法への傾向は、論理学から始まり経済学にも社会学にも、さらに民族学にも、また歴史学にまでも浸透してる。

道具は本来人間の行動に組み込まれた負担免除から生まれたものであるが、このような「道具的意識」は「技術時代の魂」となって、現代人の心的エネルギーを導いて有機的な社会を解体するようにわたしたちを誘発している。それは五〇万年前に遡る「道具」に発し、青銅器・鉄器時代を経て化学的合成物質に至り、蒸気機関の発明から石炭・石油の利用、そして最終段階としては原子力をもってする無機的エネルギーによる身体・動物的有機力の追放にまで至っている。こうして有機物から無機物へと技術化が進行し、ついには生命が無機物や事実の集合によって窒息するようになった。これが技術時代の魂の危機の実体である。

このような無機物による有機物の駆逐によって近代の技術社会が成立しているといえよう。マリオン・レヴィは、近代化の尺度を簡潔に規定して「動力の生物的資源に対する無生物的資源の割合」としている。[36] そこには近代化が個々具体的な出来事ではなく、むしろ「割合」という程度の差として考えられ、さらに近代化のプロセスにおける基本的要素と事実上の現代性の核は、テクノロジーにあるという点が指摘されている。さらに明記すべきは、近代史の技術革命は実に多様で異質な諸原因の合流した結果だと理解しなければならないということである。このことが近代社会における世俗化の背景に存在しているといえよう。

3　トーテミズムと禁欲の意義

ゲーレンによると現代は文明時代に入る以前の原始時代と同じ状況を呈している。今日の危機的な状況は新石器時代に入る以前の混沌とした狩猟の一大修羅場であった原始時代に比せられる。この点は主著『人間』最終章において示唆され、『原始人と現代文明』によって提示されたトーテミズムの深遠なる意味であり、そこには野蛮の「人間化」への展開が含意されている。人間が欠陥動物であるのは「本能減退」から起こっており、人間はその本能退化によって、すべての動物がいまだにそなえている抑制的調整作用の全系列を失ってしまったに相違なく、こうして種の同類を殺戮することに対する自然的抑制をヒトはその人間化とともに喪失したものらしいと説かれている。

ゲーレンによれば人間の目的意識や衝動的な形成力が裏目にでてその本能減退を促し、真の本能的な抑制機構は深刻な打撃を受けている。そうすると必要なのは欲望を抑える禁欲である。禁欲主義は「人間が己れの独特の体質に精神をもって対決するまことに基本的な現象」といえよう。元来「道具的意識」には「制度」を造る作用は備わっていない。実際、狩猟文明は飽食に陥ると道具的態度の道を突っ走り、食糧の安定を図ることなく、食人風習を当てにした。そこには目的のために手段を選ばないという野蛮行為も起こっていた。しかるに原始の狩猟人が、動植物を種族の統合の働きと考えて、トーテムを立て、衝動的な「目的を離れた義務」によってこれを守り育てた点が考慮されなければならない。これによって近親相姦が防がれたのは禁欲が放縦な欲望を自らに禁じたからである。人類はトーテム動物との同一化によって新たな進化の段階に達したのである。それは抑制という禁欲的行動である「訓育」によってこそ達成され、人間化への道を拓いたのである。したがってトーテミズムこそ現代において「技術」の暴走を食い止めるべきものとして想定される。このようにゲーレンは高度産業社会において人々の意識が欲望に駆り立てられて疾走しているとき、トーテミズムにおける人間らしい「禁欲」の意義を想起している。

キリスト教的な理念であった自由・平等・博愛・人間性などが世俗化されて現代に及んでいるが、「禁欲」はプロテスタントの倫理の中で資本主義の精神を世俗化して「亡霊」となっていても、なお意義をもっている。ゲーレンは「ところが人間学はこれを高度のカテゴリーに数え入れるほかはない」という。なぜならこれまでの経験によれば、「極度の贅沢と極度の腐敗は手に手をとってすすむ」からであり、ヘーゲルの名づけた「否定的なるもの」から人間が過度に負担免除されると、すべてが歯止めもなく「抑制を欠いて」蔓延するに至り、同じくヘーゲルによると「拒否と排除とを能くしえぬものは誰しもやがてその光芒を失う」からである。(37)

また、この禁欲こそシェーラーの人間学によれば人間と動物を隔てる精神の根源的な作用である。ここに現代の世俗化された社会における人間の本来の姿を再考する期が熟していることが暗示されているように思われる。

この章では歴史学・思想史・自然科学・人間学といった現代科学の多様な観点から世俗化が扱われているため、全体をうまくまとめることはできない。しかし、ここでの意図は世俗化がさまざまな学問領域で問題とされている事実を簡単に紹介し、それを考察するに当たっての注目すべき論点を指摘することにある。たとえば世俗化を論じるにさいしてヘーゲルの思想を看過できない。それは世俗化がルターと同様に二重の意味をもって考えなければならないからである。なぜならヘーゲルにおける世俗化の理解には二面があって、『歴史哲学』での「自由の理念の世俗への適用」には積極面が、彼の思想の全体がキリスト教の世俗化であるという点では否定面が示されているからである。次のドーソンの見解はカトリックの立場からの解釈で、世俗化は宗教改革時代の宗教分裂によってキリスト教の統一が失われ、宗教が個人の営みとなり、信仰が社会的な関係を失ったとき起こっていると説かれる。したがって、個人が信仰によっていっそう実践的に社会に関われば、世俗化は克服できるとみなされている。この世俗化の開始は「キリスト教世界の終焉」として歴史家ラブによって一七世紀の中葉に起こっていることが実証的に明らかにされている。このことは思想史家トレルチの近代の捉え方と関連しており、世俗化の起こった近代は一六世紀の宗教改革ではなく、一八世紀の啓蒙主義にはじまると説かれた。これに反してレーヴィットはキリスト教と近代との断絶を認めるが、それよりも中世と近代とはともにギリシア的な神聖なコスモスと非連続をなしており、そこに世俗化が厳存しているると説いた。このように錯綜した議論に対して近代思想史の四段階的な展開を明快に説いたのがバウマーであり、とくに二つの世界大戦以降のヨーロッパの思想的境位を形容するのに Truncated Europe（頂点が切り取られたヨーロッパ）という言葉を使っているところに無神論的な世俗化についての卓見をみることができる。さらに自然科学者ヴァイツゼカーの世俗化論はとくに現代の精神状況に見られる信仰と無信仰との対立感情併存に世俗化の実体を捉えている点が優れていると思われる。人間学の観点からはプレスナーが世俗化を無内容となった信仰に世俗的なものが代替される現象として捉えて、世俗化の最終段階で生物学的自然主義が侵入し、ナチズムが登場すると説いている点が注目に値する。最後のゲーレンでは主著『人間』を前提とした議論が展開しているため難解であるが、道具的な技術文明が無機的な世界へと人類を追いやることによって魂の状態が生きた世界から離れて概念化と脱感性化、また数学的方法への傾向を生み出している点が指摘され、これを克服するにはトーテミズムにおける人間らしい禁欲の必要性が説かれている。

注

（1）ヘーゲル『歴史哲学講義』（上）長谷川宏訳、岩波文庫、三九―四一頁。

（2）ドーソン『キリスト教文化の歴史的現実』朝倉文市、水野敦子訳「キリスト教文化」一九九三年、ノートルダム清心女子大学紀要、八四―八頁。
(3) ドーソン前掲訳書、八五―六頁。
(4) ドーソン前掲訳書、八六頁。
(5) ドーソン前掲訳書、八六頁。
(6) ドーソン前掲訳書、八四―八頁。
(7) Th. K. Rabb, The Struggle for Stability in Early Modern Europe, 1975, p. 81f. 本節におけるラブの学説についてはパネンベルク『近代世界とキリスト教』(前出序論)、五二―四、一〇三―四頁の叙述に依っている。
(8) パネンベルク前掲訳書、一〇三―五頁。
(9) E. Troeltsch, Gesammelte Schriften, Bd. III, S. 16.
(10) E. Troeltsch, op. cit., S. 183. 金子晴勇『マックス・シェーラーの人間学』(創文社) 三六〇―六一頁参照。
(11) マンハイム『歴史主義』徳永恂訳、未来社、一九七九、四〇頁。
(12) 第三章の注(37)を参照。
(13) E. Troeltsch, Gesammelte Schriften, Bd. 4, S. 333. パネンベルク前掲訳書、一〇頁から引用する。
(14) レーヴィット『世界と世界史』柴田治三郎訳、岩波書店、一一五頁。なお、レーヴィットの世俗化論に関しては安酸敏眞「カール・レーヴィットにおける〈歴史の終わり〉の宣告」『歴史の探究』聖学院大学出版会と深井智朗『アポロゲティークと終末論』(前出第三章) を参照。
(15) レーヴィット『世界史と救済史』信太正三・長井和雄・山本新訳、創文社、一九六八年、二五七―五八頁。

(16) バウマー『近現代ヨーロッパの思想』鳥越輝昭訳、大修館書店、四五頁。
(17) バウマー前掲訳書、五六四頁。
(18) F. L. Baumer, Main Currents of Western Thought, 1978, p. 653.
(19) バウマー前掲訳書、七二二頁。
(20) バウマー前掲訳書、四四頁。
(21) C. F.von Weizsäcker, Die Tragweite der Wissenschaft. Erster Band, Schöpfung und Weltentstehung. Die Geschichite Zweier Begriffe, Stuttgalt, 1964,『科学の射程』野田保之・金子晴勇訳、法政大学出版局、一九六九年、二二九―三二頁。
(22) ヴァイツゼカー前掲訳書、九頁。
(23) ヴァイツゼカー前掲訳書、二三五頁。
(24) ヴァイツゼカー前掲訳書、二三八―四〇頁。
(25) プレスナー「隠れたる人間」『現代の哲学的人間学』藤田健治他訳、白水社、四三頁。
(26) プレスナー『ドイツロマン主義とナチズム』松本道介訳、講談社学術文庫、一七七頁。
(27) プレスナー前掲訳書、一一六頁。
(28) プレスナー前掲訳書、一〇九頁。
(29) プレスナー前掲訳書、一二六頁。
(30) プレスナー前掲訳書、九一頁。
(31) プレスナー前掲訳書、一三三頁。

(32) プレスナー前掲訳書、三六〇頁。
(33) ゲーレン『技術時代における魂の危機』平野具男訳、法政大学出版局、一一二頁。
(34) ゲーレン前掲訳書、八八—九頁。
(35) ゲーレン前掲訳書、二六頁。
(36) バーガー『異端の時代』（前出序論）六頁参照。
(37) ゲーレン『人間学の探究』亀井裕他訳、紀伊国屋書店、一九七〇年、一七三頁。なお、Gehlen, Urmensch und Spatkultur, 1964, S. 174 をも参照。

第五章　世俗化社会における霊性の回復

これまで考察してきたことから明らかなように世俗化の現象は近代のヨーロッパに起こった歴史的・文化的・精神史的・宗教的な出来事であって、近代社会の成立およびその進展と深く関わっている。歴史的に見てきわめて大きなこの出来事は現代のヨーロッパのみならず、近代化したわが国においても影響が及んでおり、すでに同様な大きな変化が起こっている。しかし、この出来事は同時に人間の生活に甚大な影響を及ぼしており、単に社会学的に関心を引き起こしているのみならず、人間性の危機をもたらしている。それゆえに、今日では人間そのもののあり方が問われており、世俗化された人間についての人間学的考察がなされなければならない段階にまで至っているといえよう。

第一節　世俗化社会における人間性の危機

これまでわたしたちは現代ヨーロッパにおける世俗化現象が宗教社会学・神学・諸科学の観点から

どのように解明されてきているかを問題にしてきた。なかでも宗教社会学者たちがこの世俗化現象を特定のイデオロギーから離れて、純粋に現象学的に解明している点を高く評価すべきである。では、世俗化社会に生きる人間は今日いかなる危機に直面しているのであろうか。

1　宗教に対する無関心

宗教社会学者たちの研究によると世俗化は近代技術社会の成立とともに生じてきた現象であって、伝統社会がもっていた非合理的な「呪術からの解放」（ヴェーバー）がなされ、宗教選択の自由・伝統に対する相対主義・宗教の多元主義・超自然的世界の消失など（バーガー）が現代社会を風靡するに至った。また世俗化された人間の実体も暴露され、世俗化した末人の姿が「精神のない専門人、心情のない享楽人」（ヴェーバー）や「故郷喪失者」（バーガー）として示され、そこにわたしたちは人間性喪失の危機を感じざるを得なかった。こうした世俗化の進行は、今日見るように、社会が物質的に安定するのに伴い、宗教に対する無関心を蔓延させている。ドーソンは「世俗化の過程は信仰の衰退からではなく、信仰世界への社会的関心が薄れることから起こる」(1)と語っている。ドストエフスキイも先に述べたように「完全な無神論でさえ、世俗的な無関心よりましです」、また「無関心な人は愚かな恐怖心以外に何ももっておらない、いや、それとても、感じやすい人が、時たま感じる程度で」と語っていた。第一章で指摘したように、信仰による世界への積極的な関与が元来の「世俗化」

の意味であった。しかるに今日は世俗化が宗教に敵対することからさらに進んで、その最悪の現象といえる宗教と宗教世界への無関心をはびこらせている。

近代社会が今日の欧米社会のような経済的に一応安定した社会を形成してくると、人々は伝統社会で維持されてきた宗教を衰退させてきたのであるが、それでも宗教を全く排除することはできなかった。というのは近代社会において人間の個人化が進み、社会における宗教の力を衰退させて、世俗化を促進したのであるが、ルックマンなどによって指摘されていたように、宗教は他ならないこの個人の領域において生き続けているからである。[2]それゆえ、問題となるのは宗教を排除した世俗化社会が人間に対していかなる影響をもっているか、ということである。世俗化が啓蒙思想によって加速された頃、シュライアーマッハーは「宗教の蔑視者」と対決して宗教的な経験そのものに立ち返ることを開始したのであった。また二〇世紀に入ってニヒリズムが「神の死」を宣言したとき、神学者たちはキルケゴールに倣って実存の深みに語りかける神の声を聞いてそれと対決したのであった。しかるに今日の世俗化はそれよりもいっそう手強い状況をわたしたちに突きつけている。これこそ世俗にどっぷりと浸かって安住している宗教的「無関心」という最悪の事態に他ならない。

世俗社会に生きる人間をハイデガーはかつて「俗人」(das Man) と規定し、その特質として「おしゃべり」・「好奇心」・「曖昧さ」をあげていた。[3]確かに宗教に無関心な人はこうした傾向をもっているが、少なくとも「好奇心」をもっている人はやはり無関心ではない。したがって世俗化は今日ではいっそう進んでおり、その世俗性は物質的な満足で充分だと考えるところにある。物質的な満足は「満腹」のように極めて皮相にして一時的なものに過ぎない。そこには心の中心における真の「充実」といった感じはない。宗教はこの心の深みと関わっている。この心の深部をわたしたちは「霊性」と呼ぶことができる。宗教的な関心は実はここから発現しており、さまざまな経験を契機としてこれに目覚めるようになる。したがってここから生じる関心は、「好奇心」のような一般的な関心から懸け離れているが、それでもこれと繋がっている。総じて何かに関心をもつというのは、シェーラーも説いているように、根源的には何かに対する愛の現われである。[4] 人間であるかぎり、愛さない者はいないがゆえに、関心をもたない者も存在しない。したがって漠然とした関心であっても、それが次第に高まって行くならば、「究極的な関心」（ティリッヒ）をもつに至り、それによって宗教的な関心も起こってくるといえよう。

2　世俗化の度合い

これまで繰り返し指摘されてきたように世俗化は社会から宗教の勢力が減退していく現象であって、その進行の程度は、マリオン・レヴィが近代化の尺度を簡潔に規定して「動力の生物的資源に対する無生物的資源の割合」としている、この割合と根源を等しくしている。[5] 近代の技術社会がどんなに勢力を強めようとも伝統社会を完全に駆逐することはできない。昔から「共同社会なしには利益社会なし」といわれているように、利益社会である近代社会の土台は共同社会である伝統社会なのである。このように考えてみるとハーバーマスが与えた近代社会と伝統社会の区別もこの割合によっていることが明らかになる。

ハーバーマス（J. Habermas, 1929-）は『イデオロギーとしての技術と学問』において、ヴェーバーが近代社会と伝統社会とを「合理化」によって根本的に区別したのに対し、それとは「別の範疇的な枠組み」を提起し、「労働と相互行為」の根本的区別から出発している。彼は「労働」によって「目的合理的行動」を、「言語」によって「記号により媒介された意思疎通行為」をそれぞれ捉え、この二つの行動要因によってどのように社会がその特徴を形成しているかを捉えている。そうすると近代社会と伝統社会という区別も合理化という単一な基準ではなく二つの行動要因のいずれがより重要であるか、あるいは優位を保っているかによって識別され、目的合理的行動は経済体系や国家機構といった組織によって制度化され、相互行為の方は家族や姻戚関係の中で制度化されていく(6)。

この二つの行動の類型のうち相互行為が目的合理的行動を支配しコントロールしている社会が伝統的社会であるのに対し、その反対の支配形態が近代技術社会である。このように人間の意思疎通の相互的行為の優位性に基づいて伝統社会が形成されるか、それとも労働の目的合理性の優位性によって科学技術社会が形成されているか、そのいずれかであることになる。ヴェーバーが伝統社会の非合理的な営みを批判したのに対し、ハーバーマスは価値中立的で実証的な科学技術社会といえども、伝統社会と等しく、その中で人間が特定の立場の便益や利便に奉仕するイデオロギーを確立し、生の無意味化と人間疎外を引き起こしている点を批判している。

こうして世俗化の現象は伝統社会と近代社会との割合によってその度合いが決定されることになる。確かに近代化は宗教の力を衰退させることによって人間性の危機を引き起こしているにしても、それは現実には国々によって相当な開きをもって現象しているというべきである。

3　霊性の草の根

しかし、世俗化社会に生きる人間にも、人間であるかぎり、生まれながらにして宗教心が備わっており、歴史的で伝統的な宗教はこれを育んできたのであるが、この宗教心が世俗化の影響によって正しく育成されない場合にはさまざまな問題が起こってくる。宗教心は人間の心の最も深いところに宿る「霊性」とも言われているが、これが働かないと理性や感性に対する抑制やコントロールを失い、理性のみに頼る極端な合理主義者や道徳主義者とか、感性にのみ従う皮相な芸術家や恐ろしい快楽主義者などを輩出さることになる。その一方では、宗教改革時代の「熱狂主義者」(Schwärmer) のような霊性のみを強調して理性や感性を無視した過激な宗教集団が発生する。今日で言えばアメリカや日本で盛んになっているカルト集団に見られるように社会秩序を破壊し、暴力的破壊活動に走ることになる。これらの宗教運動は社会にとってきわめて危険な要因をもたらしている。それゆえ、これまで行われてきた宗教社会学的な世俗化についての研究と並んで人間学的な研究が要請されているといえよう。

世俗化がどのように進んだとしても伝統社会を意志疎通行為を通して支えてきた宗教が全く消失することはなく、個人の意識と意志によって宗教がその力を発揮することは期待できる。この意味で人間を危機に陥れた世俗化の時代においても、思いもかけぬ力を個人の内部で目覚めさせることは可能であろう。もしそうなら、世俗化社会には見失われていた新しい宗教的な価値が創造されることによって人間の危機が克服されるかもしれない。そのさい宗教が生きていた伝統的な社会におけるさまざまな物語に注目してみよう。これまで社会に浸透し、人々の意識の深層に定着している物語を想起する必要があると思われる。たとえば神話・伝説・聖者伝・民話・昔話によって伝えられている意味深い世界を想起してみたい。これらの物語には人々の日常生活よりもいっそう深い世界を知らせる物語が多く含まれている。たとえば神話によってわたしたちは民族の歴史のみならず世界創造の始源にまで遡って新たに神の力を与えられることができるし、伝説や聖者伝によって奇跡の力に触れることができる。また、口承によって民間に広く浸透している民話によって新たに生きる力を授けられ、「わたしたちは昔話を通して霊の国に入る」（ヘルダー）こともできる。これによってわたしたちは現実世界からの圧迫や支配から解放され、過酷な運命からも自由になることを期待できよう。これらすべては目に見えない超自然的な世界、つまり異次元の世界に過ぎないにしても、人が真に生きる生の世界をわたしたちに垣間見させてくれる。ここにわたしたちは宗教の生命を喪失している世俗化社会において人間の深層に隠されている霊性を掘り起こすことができよう。このような試みは、外見的には宗教世界が消滅したと思われる世俗化社会において、内面的な宗教心である霊性の「草の根」を探求することであるといえよう。

そこで、次に霊性の草の根を掘り起こす試みとしてわたしたちは世俗化に対抗している霊性の作用について人間学的な考察を試みてみたい。そのさい、まず、宗教社会学者のバーガーが行なった人間学的な試みを取りあげてみよう。

第二節　人間学による新しい学問の試み

現代の世俗化社会における人間性の危機的な状況にあってバーガーはすべての神学を人間学から再考することを提案している。というのは、人間学をきわめて広い意味で人間の素質や条件に関する組織的な研究であると理解するならば、あらゆる神学が必然的に人間学的次元を含む事実は明白であるからである。

1　神学と人間学

実際、神学的命題は、神や神の本質について取りあげることはほとんどなく、むしろ神と人間との関係、あるいは人間に対する神の意味について考察している。そこでは人間の救いについての燃えるような関心から出発しており、一九世紀から第一次世界大戦の頃までの古典的プロテスタント自由主義は人間学に深く関わってきた。これに対する反動が「新正統主義」である。この運動は弁証法神学とも称されるが、自由主義神学を批判し、その浅薄でかつユートピア的諸側面を暴露した点は認められるとしても、歴史的かつ人間学的出発点を断乎として拒絶したことは明らかに反人間学的であった。この点に関しバーガーは次のように主張している。

「そこには人間から神へ近づく方法は全くなく、人間の本性や状況に根ざさない全く神の業の一方的行為である啓示によって、ただ神の側から人間に近づく方法があるのみである。いかなる人間学的説明も（たとえば、人間の罪についての説明も）、この啓示によってのみなされるというのである。言い換えるなら、人間学は、神学的に演繹されうるが（すなわち人間の状況については神学的立場より推論できるにしても）、人間学から神学への帰納論的可能性はないのである」(7)。

それゆえバーガーは神学にとって人間学的出発点とは何を意味するのかと問うている。彼は哲学者のように最近数十年の間に蓄積された哲学的人間学の膨大な文献に当たって答えを出すことはできないし、神学者として人間学から新しい神学体系を造る存在でもないが、自分の限界を自覚しながらも、社会学者としてごく控え目にではあっても、実際に探求可能な方向を示唆している。それは経験的な人間状況の中における「超越のしるし」を求め、そのようなしるしを示す原型的な人間の行動を明らかにすることである。[8]

2 「超越のしるし」を示す原型的な人間の行動

バーガーは『天使のうわさ』においてこういう行動を日常生活の中から取りあげて、そこに超自然的なしるしを読みとっている。その要点をあげると次のようになる。

① 母親に対する子どもの信頼　よく見られることであるが、悪い夢でも見ると、子どもは夜中に目がさめて、自分が一人ぼっちで闇に囲まれ、言いようもない脅迫感に取り巻かれていることに気づき、恐怖を感じて母親を求めて泣く。このようなときの母親は、保護してくれる女祭司長として呼び求められている。この現象にバーガーは着目し、危機的な状況からの脱出の可能性を捉えている。[9]母親は子どもに安心を与える言葉を語りかけることによって、この母子の現在の混沌状況を超越する意味深い現実そのものが呼び寄せられている。

② 楽しい遊びがもたらす解放と平安の不思議な性質　次に子どもが遊びに夢中になって現実を超えた世界に入っていくことが観察されている。そこにバーガーは超自然的な経験のきらめきを感じ取っている。

「ある小さな女の子たちが、公園で石けりをして遊んでいた。女の子たちは、全く遊びに熱中し、周りの世界のことは忘れ、夢中になって楽しんでいた。この子たちにとっては、時間は静止し、否、より正確には、時間はこの遊びの運動の中で崩れてしまい、そとの世界は、この遊びが続いている限り、存在を中止してしまったのである。そして、この世界の律法である苦しみと死も（小さい子たちには、この事は分からないだろうが）存在しなかったことを意味している[10]」。

幼児期には死を意識することがない。成長すると遊びは幼児の祝福に満ちた時代の反復となり、さらに成人が真の喜びをもって遊ぶとき、瞬間的にではあるが、幼児期の死の恐れのなかった状態を回復する。激しい苦悩や死のさなかに遊びがなされるときにこのことは判然とする。C・S・ルイスは「人生は、常にがけっぷちで生きるものである。……人間は包囲された町の中で数学の定理を考案し、死を宣告された獄中で形而上学的議論をし、処刑台の上で冗談を言い、ケベックの城壁に進軍する最中に新しい詩について論じ合っている。これは空威張りではなく、われわれの本性である」。こういう経験をルターはかつて詩編講解の中で人間的な経験の事実から「死の最中にあってわたしたちは生に取り巻かれている」（Media morte in vita sumus.）と言っている[11]。これも同じ事態を指している。

③　希望　人間は自己の計画を立てて常に未来に向かって行動している。この人間の本質的な「未来性」は「希望」である。この希望を通して、人間は現実のあらゆる状況の困難を乗り超える。またこの希望によって極度の苦難に対決しつつ何らかの意味を見出そうとする。このことは死に直面

した場合にそれに対して「否」という点によく示されている。[12]

死に取り囲まれているこの世界で人間は、死に対してどこまでも「否」と言い続けるが、この「否！」によって別の世界への希望と信仰に導かれる。この希望からの論証は、経験的に与えられたものからの、帰納論理の方向に従い、経験から出発するが、経験の中にあるそれを超越する意味や意図を重要視しており、それを超越的現実のしるしと見る。[13] ここに示した同様の分析をマルセルがかつて『希望の現象学と形而上学に関する草案』の中で行なっている。[14]

④　形而上学的な問いの厳存　一般に現実の社会では「死」のような例外的で周辺的経験が中心的経験へと結びつけられており、周辺的であることとの恐怖を葬儀などの儀式によって和らげられている。それによって周辺的経験の現実に意識が向けられるようになっている。こうして日々の生活で喪失されている形而上学的なものに対して社会の行事は人々の目を開かせている。彼は言う、「人間生活は、常に昼の面と夜の面があるが、人間の世界内存在の故に、必然的に昼の面が常に〈現実のもっとも強いアクセント〉を受けたのである。しかし夜の面も、その邪気が払われることがあっても、否定されたことは殆どない。世俗化の最も驚くべき結果は、まさにこの否定であった。現代社会はできるかぎりこの夜を意識の中から消去したのである」[15] と。ここで「夜の意識」というのは「人生の目的とは何か」「なぜ私は死ぬのか」「私はどこから来てどこへ行くのか」「私は誰か」というような形而上学的な問いのことである。これらの問いを切り捨てると、人間経験は縮小され、貧困化し、軽薄な

生活しか残らなくなる。

このように社会学者バーガーは人間学的観察を通して世俗化された社会における「超越のしるし」を現実の経験から汲み出している。これは発見的な方法である。そこに発見されている超越的な次元は、日常生活の外に一歩超え出る経験であり、わたしたちのまわりを取り囲んでいる神秘に対する開かれた態度なしには成立しない。だから哲学的人間学の名にふさわしい学問の営みは、これらの経験の知覚を取り戻し、それによって形而上学的次元を復活させ、失われた生を回復させることから成立している。

第三節　人間学における霊性の位置づけ

このようにバーガーは日常生活の中からそれを超える超自然的な世界のしるしとなる経験を指摘している。こうした経験が見られるのは人間がこの経験に対応する器官や機能を予め自己の内に備えているからである。つまり、対象と認識の間には本質的な連関が予め与えられているからこそ、わたしたちはある種の対象を自分の内に経験し認識できるのである。この連関は宗教の場合には、宗教心の作用によって各人の内に与えられている。それゆえ、現代社会に生きる人間がどんなに世俗化されたとしても宗教的な素質が全く見失われたり、欠如したりすることはないといえよう。たとえ理性が曇り、意志が脆弱となり、感性が鈍磨していても、それらが心の機能として存在しているように、宗教心や信仰を意味する霊性も心の機能として存在している。ただ、今日ではそれが無神論やニヒリズムのような世俗化時代の世界観によって覆われていて、ほとんど機能していないほどに働かなくなっているに過ぎないのではなかろうか。このことは昔から説かれてきた心身の区分法を参照すると明らかになる。

ヨーロッパの思想史において心身の二区分とは別に、オリゲネス以来「霊・魂・身体」の三区分法が説かれてきた。この三区分法はパウロの言葉「あなたがたの霊も魂も体も何一つ欠けることのないように」(第一テサロニケ五・二三)に由来しており、オリゲネスを経てエラスムスに伝わるとともに、聖書学者でもあるルターによっても聖書から直接に継承されている。さらにキルケゴールもこれを独自の視点からさらに発展させている。「霊(精神)と身体(肉)」という二区分法とこの三区分法とは元来決して相互に矛盾するものではなく、日本語の「霊魂」が「霊」と「魂」の合成語であるように、「魂」という実体には「霊」の働きも含まれると考えられている。また「霊・魂・身体」の三区分を心の機能という観点から考察するならば、それは霊性・理性・感性として三つの基本的な心の作用とみなすべきである。

1　伝統的な哲学的区分法

しかるに哲学の中でもプラトンの伝統に立つ場合には、理性が悟性と理性とに分けられている。こうして理性・悟性・感性の三つの機能が認識の重要な機能として分析されてきた。序章でも言及したようにカントの純粋理性批判がこの典型であり、心は次の三部分に分けて批判的に検討されている。

	作用	対象界	認識の形式	認識の種類	先験的
心の認識能力	感性	感覚的世界	空間と時間	事物の印象＝表象知	感性論
	悟性	科学的世界	十二の範疇	学問的認識＝科学知	分析論
	理性	思想的世界	三つの理念	体系的知識＝観念知	弁証論

この区分を見ても分かるように、これまでの近代社会においては科学的な精神によって目に見える世界に関わる科学知が悟性知として尊重されてきた。一般的にいって悟性的な人間はさまざまなデータを巧みに処理し、かつ頭脳明晰に行動する人であり、しかも利潤を追求するに当たっては目的合理的に活動する人間像を意味している。これに対し感性の復権が今日説かれているのは当然であるが、霊魂が単にその作用に基づいて感性・悟性・理性に分類されている近代的理解だけでなく、「霊」と「魂」に分けられて、「霊性」が重んじられていた伝統も省みられなければならない。つまり、感性・理性・霊性の三区分からなる人間の全体的理解が再考されるべきであろう。

そこでシェーラーの五段階説が現代的視点から提起されているので、これを参照してみよう。人間は有機体の生命がもっている五段階を成す秩序の頂点に立ち、自己の下に心的本性の四段階をもつ存在であると明快に位置づけられている。これは次のように図解される。[16]

① 感受衝動	無意識・無感覚・植物的生	心的生の中核＝自我
② 本能	低次の動物の生	
③ 連合的記憶	条件反射的行動の生	
④ 実践的知能	環境の変化に適応できる動物の生	
⑤ 精神	人格的・本質認識的生	精神の中核＝人格

人間は心的生の四段階のすべてに関わっており、この段階の生は実験心理学の対象となっている。この心的生の中心である複合体は「自我」と名づけられ、その活動は人間の本性に備わっている「機能」(Funktion)と呼ばれている。この機能には五感や感情の働き、また身体的領域に関連する諸機能、たとえば共歓・共苦といった共同感情も入っている。このような自我の特質は、それ自身が実験科学の「対象」となり得る。これに対して人格とその作用は決して目に見える対象ではなく、実験科学的に実証される性質のものではない。このような四段階の区別は新しい科学的な発見に基づいて造

られており、伝統的な心身論の枠内に容易に入れられることができない。しかし、五段階目の理性の機能が実践的知能と区別されて、精神に組み入れられているところに特徴がある。さらにこの「精神」（Geist）は「霊」とも訳すことができるので、霊・魂・身体の三区分法の中に入れることも可能である。

2　キリスト教的人間学の三区分法（霊性・理性・感性）

次に霊・魂・身体の三区分法が近代ヨーロッパにおいてキリスト教との関連でどのように理解されてきたかを考察してみよう。

まず、一六世紀の宗教改革者ルターが「霊と肉」という神学的な区分法と明瞭に区別して、霊・魂・身体をその本性に基づいて考察している学説を参照してみよう。彼は『マグニフィカト』（マリアの讃歌）において人間の自然本性を「霊・魂・身体」に区分し、次のように語っている。

「第一の部分である霊（Geist）は人間の最高、最深、最貴の部分であり、人間はこれにより理解しがたく、目に見えない永遠の事物を把握することができる。そして短くいえば、それは家（Haus）であり、そこに信仰と神の言葉が内住する。第二の部分である魂（Seele）は自然本性によればまさに同じ霊であるが、他なる働きのうちにある。すなわち、魂が身体を生けるものとなし、身体を通して活動する働きのうちにある。……そしてその技術は理解しがたい事物を把握することではなく、理性（Vernunft）が認識し推量しうるものを把握することである。したがってここでは理性がこの家の光である。そして霊がより高い光である信仰により照明し、この理性の光を統制しないならば、理性は誤謬なしにあることは決してありえない。なぜなら、理性は神的事物を扱うには余りにも無力であるから。……第三の部分は身体（Leib）であり、四肢を備えている。身体の働きは、魂が認識し、霊が信じるものにしたがって実行し、適用するにある」(17)。

次にフランス革命時代に活躍したメーヌ・ド・ビランの人間学を参照してみると、彼は『人間学新論』において「動物的生活」「人間的生活」「霊的生活」からなる三区分を採用している。この区分法は「人間が神と自然との中間に存在する」という観点から捉えられている。それゆえ、人間はその自我を動物的生活の衝動にしたがわせ、自然と一体となることができるが、その霊性によって神と一体となることもできる。人間の生活は行動と自由に立った人格性にこそその核心をもっているにしても、霊的生活において神を求め、神と一つになって生きる。このような三区分の立て方はアウグスティヌスやパスカルと同じであり、彼自身はマールブランシュの影響を受けて確立したものと思われる。私たちはここにヨーロッパの人間学的伝統が受け継がれていることを見出す。

さらに、一九世紀の哲学者キルケゴールの『死にいたる病』における三区分法についても付言しておきたい。彼は言う、「人間はだれでも、精神たるべき素質をもって造られた心身の総合である。これが人間という家の構造なのである。しかるに、とかく人間は地下室に住むことを、すなわち、感性の規定のうちに住むことを、好むのである」と。

これらの思想家の見解から明らかになることは、人が神および神の言葉と出会いうる場所が「霊」といわれる「家」であるということである。「霊」と「息」とは旧約聖書では同義と解されており、霊は「命を与える霊」として同時に生命原理を意味していた。しかし、人を生かす霊の働きは神から来る霊として人間を神に向けて超越させ、神と人とを一つの霊とさせるものと解されている。トレモンタンは『ヘブル思想の特質』においてこの霊に関し次のように述べている。「人間の霊、彼のプニューマは、人間の中にあって神のプニューマとの出会いが可能なところのものである。それは人間の中にある部分であって、この部分のお陰で神の〈霊〉の内住ということが異質な侵入とはならないで、異邦の地における大使館のように、準備され、欲せられているものとなっている」[18]。このような神との出会いの場としての「霊」の理解は、ドイツ神秘主義の「魂の根底」(Seelengrund)において特に強調されている。魂の根底というのは通常の魂よりも高次の作用を指しており、人間の魂の「深み」において、つまり魂の淵において人は神と出会い、新しい生命を受けて神の子として誕生すると説かれた[19]。

この「霊」および「霊性」はヨーロッパの伝統においては人間の内なる作用、しかも永遠者である神を捉える「機能」として理解されてきているが、同時に霊なる神が人間に働きかけて初めて発動するとも説かれてきた。その意味で「霊性」は「信仰」と同義であった[20]。

この霊性を重んじてきたヨーロッパ精神史は「神律」（Theonomie）という観点から解明することができる。それは神に従って生きる霊的な生き方である。それゆえ、一見すると神律は「自律」（Autonomie）と対立しているように見える。つまり一般的にはこの神律は他からの命令によって行動する「他律」（Heteronomie）と同義に理解されている。神が自己にとり全くの他者であるなら、そう考えられるのも当然であろう。だが、神はわたしたちにとり異質であっても、よそよそしい他者なのではない。神が律法をもってわたしたちを脅かし、刑罰の恐れを引き起こしたり、わたしたちが律法を外面的に遵守して、神に対して自己の合法性や正当性また功績を主張しようとするなら、その時、神律は外からわたしたちを恐れさせる他律となっている。他方、神の恩恵により新生し、自発的に善い行為をなそうと心から励むような場合はどうであろうか。そのとき神律は自律性を内に含んでいることにならないであろうか。エレミヤの「新しい契約」のように心の内に神の法が刻み込まれている場合や神の愛に応答するイエスの愛の教えのごとく、神律は自律の契機を内に含んでいるといえよう。こうして神律には外面化して他律となる方向と、内的な変革による自律の方向とが存在することになる。しかるにヨーロッパ近代の歩みは自律をもっぱら理性的な自律において求め、神律を排除することによって信仰を世俗化させてきている。この世俗化の方向を決定的に定めたのは啓蒙主義の哲学者カントであった。

だが、啓蒙主義の理性的な自律は神を排斥しているかぎり、理性に偏った近代人の姿を露呈させている。

1　理性的な自律の問題性

一般道徳の領域で認められる自由意志は道徳の普遍的原理となる場合に、カントにおいては傾向性に立つ他律を排除することによって「自律」に達している。宗教の領域で恩恵を排除した自由意志の自律が問題となっていたのに、カントの場合には一切の他律を排除することにより自律に達している。このことは意志の自律の規定にも明らかである。「意志の自律とは意志が（意志作用の対象のあらゆる性質から独立に）かれ自身に対して法則となるという、意志のあり方のことである」[21]。つまり理性以外のすべての外的対象や自然必然性も排除され、自己立法的になっているのが自律の立場である。この自律が成立する最終的根拠は感性的表象のすべてから全く自由で自発的な理性に求められている。こうして理性的自律において近代的自律は完成するに至っている。

もちろんこのようなラディカルな自律の主張は、現実には稀であって、どこまでも貫徹しうる性質のものではなかった。カントも『宗教論』では根本悪を説かざるを得なかった。この根本悪の主張はゲーテのような啓蒙主義を越えた人々にさえ、カントは哲学のマントを汚したと嫌悪されたものであったが、ここにルターの「自己自身へ歪曲した心」という原罪の理解への共感が見出される。カントは言う「人はいかにしてかく曲がりくねった材木から完全にまっすぐなものが細工されることを期待できるであろうか(22)」と。こうしてカントの理性的自律の主張は根底から動揺してくるといえるが、人間の本質的理解において自律の主張が先行しているからこそ現実における根本悪も説かれることが可能となったのである。

しかし、カントは理性的自律を確立するに当たって宗教から独立し、人間自身に即して意志とその自由とを考察している。こうして、意志学説の上でも神律的に自由意志を把握しようとしてきた西欧の伝統から彼は訣別している。そのため霊性から切り離された理性的な生き方こそその後の近代人の運命となっている。

というのは自律はともすると、神や他者を排斥して、わたしは何人にも服従したくないという我意として自己主張をなすものに変じやすいからである。この何人にも隷従するのを拒む「我意」が自由と解されると、それは「恣意」に転じる。かくて自由は悪魔的毒素によって恐るべき宿命を自ら招いてしまうことになる。近代における自由の主張が、神や他者を排除してまでも貫徹されると、自己中心的になり、自己のうちに悲劇の萌芽がきざしてくる。ここに自律としての人間の自由の偉大さは一転して悲劇に転化してくる。いわゆる近代的人間の主体性は自己中心的なものであり、自己を絶対化し、自我の肥大化や物神化となって、神の光を遮る「神の蝕」（マルティン・ブーバー）ともいうべき現象を結果し、地上はふたたび暗くなり、無神論とニヒリズムの時代に突進してゆく。[23] これがヨーロッパの近代の歩みであるといえよう。

2　近代的自我の問題――ゲーテとドストエフスキイ

自律が自我の肥大化となって、神の光を遮っている古典的事例をわたしたちはゲーテの『ファウスト』において見ることができる。ファウストが悪魔のメヒーストフェレスと契約を結んだときの台詞を紹介してみよう。

「おれには快楽が問題ではない。おれは陶酔に身をゆだねたいのだ。悩みに充ちた享楽もいい、恋に盲いた憎悪もいい、吐き気のくるほどの歓楽もいい。さっぱりと知識欲を投げすててしまったこの胸は、これからどんな苦痛もこばみはせぬ。そして全人類が受けるべきものを、おれは内なる自我によって味わいつくしたい。おれの精神で、人類の達した最高最深のものをつかみ、人間の幸福と嘆きのすべてをこの胸に受けとめ、こうしておれの自我を人類の自我にまで拡大し、そして人類そのものと運命を共にして、ついにはおれも砕けよう」。（手塚富雄訳）

ここに自我の肥大化によって生じている自己破壊の現象が見事に描かれている。自我の膨脹系数がのびていくと、風船がパーンと音をたてて破裂するように、自己破壊を引き起こしてしまう。そこには資本主義の景気循環論と同じ法則がある。実際、人間の欲望は無限であるのに、それを達成する手段は有限だから、破滅が来たらざるを得ないのである。ヘーゲルが言うように「欲望は悪無限である」。つまり霊性や理性のコントロールを失うと、感性が猛威を振るうことになって、欲望のままに外に向かって突進していく。しかし、どのように苦労しても欲望が満たされないと悟るとき、人は内なる理性や精神に頼ることになる。だが、内なる理性や精神によっても満たされないのを自覚するとき、人はさらに精神のうちにある霊性に達するのではなかろうか。こうして霊において神に出会う神律的次元に私たちは立ち返らざるをえない。近代的自我の破壊という否定的現象をとおして神律的次元を発見しているプロセスはさらにドストエフスキイの文学作品の中にいっそう具体的に示されている。

ドストエフスキイも近代的自我の問題性をニヒリズムの観点から解明した類稀なる思想家にして偉大なる創作家ではなかろうか。彼が好んで描いたニヒリストには、最高価値たる神の存在を認めないゆえに、道徳的判断の基準が相対化し、善悪の区別が消滅しているという特質が指摘されている。ニヒリストは一般の道徳的感情を踏み越えて、たとえ人生に絶望しても、なお燃えるような激しい生の衝動にかられている。だから、『カラマーゾフの兄弟』のイワンは知性が暗くなり、論理が通じなくとも、自分が生きている感動に酔いしれることのみを追求してやまない。『悪霊』のスタヴローギンの方は情欲の世界に陶酔することのみを求めて、卑劣の限りをつくしても生き続けようとする。この人物は能力もあり、心も優しく、美貌の持ち主である。彼のまわりには女性たちが群がり集まるが、すべてその欲望の犠牲にされてしまう。欲望は悪無限である。ただ、より激烈で刺激的な欲望のみが彼を生へとかりたて、いっそう重大な犯罪へと向かわせる。彼はニヒリストであるから善悪を区別する道徳意識を喪失している。神という絶対者を否定し、自己を絶対視せざるをえない。自己を神とみなす者は道徳を超えており、何をなしてもかまわないわけである。このように近代人は自分以外の他者を信頼しそれに寄りかかって生きるような拠り所をもっていない。そのため他者を全く無視して自分の快感、つまり陶酔感にのみ生きる道を求めざるを得ない。このような近代人の姿をドストエフスキイはスタヴローギンやイワンによって描いているといえよう。

したがって彼が描いたニヒリストたちの人間像には近代的人間の究極的な形姿がその運命とともにきざみ込まれている。それは近代人が自我にのみ寄り頼んで、他の一切の拠り所を断ち切った場合、いかなる結末を招来するかを示しているように思われる。彼は神によって立つ神律的生活をニヒリストの没落を通してかすかに暗示するにすぎないとはいえ、神律的次元は明らかに意識されている。それは近代人の自我が他者や世界、そして絶対者との関係を断ち切って、自己にのみ閉じこもるという排他的自己主張が諸悪の根源をなしているということである。かかる自己主張の背景には前景に押し出されている主体性という美名のもとにその恐るべき罪性が隠されていたのである。

近代的自我はこのような運命を自らのうちに秘めていて、自律や主体性は変質して自己主張欲（エゴイズム）と化している。かかる変貌は近代人が強烈な自我意識により神や世界や共同社会を拒絶し、孤絶に徹するときに生じてきており、古代や中世において人々を庇護していた世界（コスモス）や人倫組織が解体されるようになる。すなわちコペルニクス以来、宇宙は人間の有限な生活空間ではなくなり、無限に開かれたのである。パスカルが「この無限の空間の永遠の沈黙はわたしをおそれしめる」と語っているように、人間は無限空間のなかにあって未曾有の孤独に陥っている。同様に古い国家共同体も、フランス革命に端的に見られるように、徹底的に解体されてしまう。こうして近代人はその排他的自己肯定のゆえに「神は死んだ」という無神論とニヒリズムの中に転落せざるを得ない。近代人は古代や中世の人たちが庇護を得ていた拠り所と支えのすべてを取り去ってしまい、赤裸々な自我のほかには他に何ものも認めなくなっている。これこそ自己のみを拠り所として立つ自律という生き方であり、この自律こそ前に考察した近代人の運命を引き寄せる元凶としての自我の姿なのである。

　理性によって自律しようとする近代人は、人間が永遠者にかかわって生きる神律から切り離されるとき、排他的な自己主張に転落して行かざるを得なかったのである。しかし、ここで考えてみなければならないのは、人間が単に理性と感性のみから成り立っているのではなく、霊性によっても存在しているという隠された事実である。霊は人間存在の深みに根差して息づいている。この霊に目覚めるとき、わたしたちは神に出会うことができよう。それによりわたしたちは深みのある人間として生きはじめ、内なる隠れた霊に基づいて初めて理性も感性も道を誤ることなく、十全に自己の力を発揮できる。こういう生き方が神律なのである。

第五節　超自然的なものに対する新しい理解

理性によって自律した近代的な人間の運命を指摘した後に、わたしたちが自己の内なる霊性をどのように自覚することができるかという問題を次に考察してみたい。そのさい、霊性は一般的に超自然的な領域に関わっているため、この超自然的な世界が原則として排除された場合に霊性はどのように作用するかを二つの文学作品から考察してみたい。つまり否定的な事例を通しての間接的な証明をここでも試みてみたい。

まず、ドイツ啓蒙主義を代表する思想家レッシングの著作『賢者ナータン』を取りあげ、彼によって偶然的な出来事を超自然的な奇跡にまで創作しようとする態度が退けられて、日常些細な現実の中に偉大なる神の手を捉えるという認識の大転換が行なわれている。「この劇は天国も地獄も、天使も悪魔も出さないばかりか、昔から続いている奇跡の信仰に反対する態度をはっきり打ち出している。レッシングの『賢者ナータン』は文学と現実の世界から奇跡を締め出した。それも、うわついたやり方でなく、神の創造に対する畏敬の念からである(24)」とリューティは語っている。次にはシャミッソーの『ペーター・シュレミールの不思議な物語』によって霊性を喪失した人間の悲劇を考えてみたい。

1　超自然的な奇跡物語の終焉

昔から神話や伝説、さらに昔話や民話では神や神々、さらには人間の不思議な行動も超自然的な奇跡という形で物語られている。この間の事情に詳しいリューティ『昔話の本質』によると、演劇にしてもギリシア悲劇を見れば明らかなように、ディオニシウスを祀る祭儀から起こっている。戯曲もその延長線上に発展してきている。ヨーロッパ中世の戯曲では復活祭劇やクリスマス劇が上演されたが、そこには聖者キリストの復活や生誕の奇跡を祝い、奇跡劇は聖者の不思議な運命をたたえている。

近代に入るとゲーテの『ファウスト』などにも、その主人公を「魔女の厨」や「ヴァルプルギスの夜」のように魔術的な奇跡の圏内に導き、黄泉の国へ赴かせ、最後には天上界へ導く超自然的な旅を物語っている。しかし、ゲーテの時代に、不思議な奇跡物語に抵抗する運動が始まり、啓蒙主義がその音頭をとって指導した。こうして一八世紀から一九世紀にかけて写実文学が盛んになり、自然主義に傾いていった。その境界に立っているのが一七七九年に発表されたレッシングの韻文劇『賢者ナータン』である。そこには超自然的な奇跡物語の終焉を見ることができる。このようにリューティは説いている。

2　レッシングの『賢者ナータン』

『賢者ナータン』はユダヤ教徒、キリスト教徒と、イスラム教徒が世界宗教である三つの実定的宗教の対立を「人間性の宗教」の立場から和解に導くことを主題にしたドイツ啓蒙主義を代表する作品である。主人公のナータンは「人間性を最も包括的に、最も物静かに、そして最も純粋に体現した人物」（ウイーゼ）であって、彼の理性の用い方は「神の声を聞き取る理性」として神律的にして自律的である。[25] ここでは自然の中に神の奇跡的な働きを看取する理性について考えてみたい。

この作品のはじめのところを少しだけ辿ってみよう。ナータンは裕福な商人であるが、旅に出ている間に家が火事になり、その娘レーハはそこから若い神殿騎士によって救い出される。しかし、その救い主はどうしても見つからない。そのうちに彼女には神殿騎士の白いマントが天使の翼のように思われてくる。こうして彼女は「天使に助けられた」と言い出し、遂に奇跡を信じるようになる。彼女は旅から帰ってきた父親を説得しようとして次のような対話がナータンとレーハおよび侍女ダーヤとの間に交わされる。

レーハ　天使さまのいらっしゃることや、また神様がご自身を愛する人達のために奇跡をお示しになるということを、わたくしに教えて下さったのはお父様ご自身ではございませんの。わたくしは心から神様を愛しておりますわ。

ナータン　そして神様のほうでもお前を愛しておいでになる、それだからこそお前やお前のような者のために、二六時ちゅう奇跡を行なっていらっしゃるのだ。いや、もっとずっと昔からお前たちのために奇跡を行なってこられたのだよ。

レーハ　まあ嬉しい、そうでございますの。

ナータン　お前を救って下さったお方が、本当の天使さまでなくて、ただの神殿騎士だとしても、それだからといってお前の救われたことが奇跡でないとは言えまいよ、もっともそう言ってしまうと、いかにも平凡なまるっきり当たり前のことのように思われるかも知れないがね。だが奇跡の至極といえば、真の奇跡というものはごく平凡な仕方で起こるし、また起こって然るべきだというところにあるのだよ。こういう有りふれた奇跡がないとしたら、子ども達が奇跡だなどと囃し立てずにいられないようなものまで、いやしくも物の道理を弁えている人が、奇跡なんどという名を与えはしなかったろうよ。

ダーヤ　まあ、旦那様ったら、そんなむつかしい理屈ばかりおっしゃって。ただでさえ昂奮していらっしゃるお嬢様のおつむがこわれてしまいますわ。

ナータン　お前は黙っておいで。ねえ、レーハ、お前を救い出して下さった方がただの人間だということだけでも、立派な奇跡じゃあないかね。それにその方がサラディン様に助命されたことだって到底小さな奇跡であろう筈がないよ。[26]

対話の中にある言葉、「だが奇跡の至極といえば、真の奇跡というものはごく平凡な仕方で起こるし、また起こって然るべきだというところにあるのだよ」こそ神の創造のわざに対する賛美なのであって、特別な奇跡物語を創作する必要はないとナータンは語っている。それに対し娘のレーハは自分の体験を奇跡物語にして神を賛美したいと願っている。このことはダーヤの異議にもよく現われている。「でも旦那様、こんなこと申しあげてなんでございますが、お救いなさったお方を天使さまだと考えても構わないではございませんか。そのほうが、測り知れない根本の原因にそれだけ近づいたという風に感じられはしないでしょうか」。しかし、これは冷静なナータンから見ると真実を曲げて誇張した感情の産物に過ぎない。感情が高ぶって奇跡物語を捏造するのではなく、神の創造のわざを自然の中に洞察しなければならない。「捏造」と「創造」とは正反対の行為である。捏造は「鉄の壺を銀の壺」と思い込み、「それだけ神様に近づいたと感じる」ような感情的な思い上がり、つまり「慢心」なのであって、空想的な子供じみた態度であると叱責される。そこでナータンは娘の夢想を冷ますために、神殿騎士が病気になっていると言って、彼が単に人間に過ぎないことを娘に自覚させる。その対話で彼は次のように語っている。

ナータン　いや、お前の方がその方を殺したんだよ。こんな風にして殺し兼ねなかったのだ。ねえ、レーハ、わしがお前に遺るのは毒ではなくて薬なんだよ。さあ、しっかりおし、またご病気でもあるまい。いや決してご病気ではないよ。

レーハ　きっとね。お亡くなりになったんじゃないわね。ご病気でもないわね。

ナータン　そうだとも、お亡くなりになるものかね。神様は善行には必ずお報い下さるよ、この世でしたことはやはりこの世でね。さあ、もういい。だが、信心深い夢想というものは、善行よりもずっと造作のないものだということが判ったろうね。心のきりっとしない人間に限って、信心深い夢想に耽りたがるものなのだ。ときには自分でもそういう下心に気付いていないことはあるかも知れないが。(27)

ナータンは娘をその活発な空想力の産物「信心深い夢想」に陥っている状態から現実に目覚めさせていく。こうして「天使の奇跡」を創作するような空想力をして人間としての有限性の自覚に導くために、まずは「騎士は病気かも知れない」という想像をかき立てる。成熟した人は事柄の本質を理解できるのであって、奇跡が必要なのは未成熟な子どもたちなのである。実際、昔話も神話や伝説に劣らず奇跡的な世界を描いている。しかしそこでの物語は一つの真実な世界を象徴的に指し示しているのであって、それなしには人は人生を全うすることができない。事柄の本質を理解できる人には自然の出来事の中に神の手を感じ取ることができる筈である。そこに霊性の導きによって統制された理性の働き、人間としての成熟した理性の作用が要請されている。それゆえレーハは人間として理性的にも成熟することによって癒されたのである。リューティによると「驚くべき奇跡を夢みたり、軽々しく信じたりする性癖は克服された。レーハは謙虚に冷静に現実を見つめ、自己の責任において行動すべく決心する。〈平凡な運命やわれわれの目の前にある自然がそもそも神秘と奇跡に満ちている〉という謙虚な認識は、一八・一九世紀に、実生活、学問、文学においてみごとな実を結んだ(28)」。

こうした日常の現実の中に奇跡を認識するという考え方は一九世紀になると「奇跡」という言葉は使わないけれど、アーダルベルト・シュティフターは『石さまざま』の「前書」で奇跡と自然という対立の背後に世界を動かすいっそう普遍的な力を認め、次のように語っている。

「風のそよぎ、川のせせらぎ、穀物の実り、波のうねり、大地のみどり、空の輝き、星のきらめきを私は偉大であると思う。堂々と押し寄せてくる雷雨、家々をひき裂く電光、大波をまき起こす嵐、火を吐く山、村々を埋める地震を私はさきに述べた現象より偉大であるとは思わない。それどころか、はるかに小さいと思う。なぜなら、あとに述べた現象は、はるかに高度な法則のひとつのあらわれにすぎないのであるから。それは個別的な現象であり、一面的な原因が生み出した結果にすぎない(30)」。

それゆえ、この文章が見事に表現しているように、世俗化が進んでいたヨーロッパ社会にあっても、この世界が畏敬の念をもってありのままに肯定され、真実に描かれ、心を込めて讃美されている。こうして自然の世界の中に超自然的な世界が、目立たない日常的な世界の真っ直中に神が支配する超越的な世界が、霊性に導かれた理性と感性によって認識されていたのである。これまで神話や聖者伝また英雄伝説と昔話の奇跡に浸っていた人たちは、今や、人との出会い、自然との出会い、運命との出会いを高次の意味を秘めた出来事として把握しており、以前に奇跡として感じていた心の働きが新たな力をもって甦ってきている。

3　シャミッソーの『ペーター・シュレミールの不思議な物語』

シャミッソーの『ペーター・シュレミールの不思議な物語』（一八一四年）は自分の影を売った男の話である。これは「影をゆずってはいただけませんか」と灰色の服を着た謎に満ちた男にこわれて、シュレミールがそれと引き替えに「幸運の金袋」を手に入れるのだが、大金持ちになったものの影がないばっかりにさまざまな苦しみを味わうというメルヘン調の物語である。シャミッソーは影が体から離れる瞬間を次のように見事に描いている。

「どうぞこの袋を手にとって、おためしになってください」。男はポケットに手を入れると、手ごろな大きさで縫目のしっかりしたコルトバ革製の袋を丈夫な革紐ごとたぐり出して私の手にのせました。ためしに袋に手を入れて引き出すと十枚の金貨が出てきました。もう一度手を入れるとまた十枚、さらに十枚、もうひとつ十枚というわけです。「よし、承知だ。こいつと影とを取り換えよう」。私は男の手を握りました。すると男はこちらの手を握り返し、ついで私の足もとにひざまずくと、いとも鮮やかな手つきで私の影を頭のてっぺんから足の先まできれいに草の上からもち上げてクルクルと巻きとり、ポケットに収めました。つづいて立ち上がってもう一度お辞儀をすると薔薇の茂みの方へ引き返していったのですが、歩きながらクスクス笑いを洩らしていたようでした。私はといえば、後生大事に袋の紐を握りしめていたのです。陽がさんさんと射しこめるなかで、すっかり正気を失っていたようです。(31)

ここでの奇跡は神のそれではなく、悪魔の奇跡である。この場面はファウストが悪魔と契約を交わす伝承を彷彿とさせている。ファウストも現世の快楽と引き替えに魂を悪魔に売ったのであった。世俗化が侵攻してくると、単なる快楽から「金貨」に的が絞られてくる。この引用の少し前には「私は目の前に金貨がキラキラきらめいているような気がしました」とある。この金貨に目がくらんで引用の最後には「すっかり正気を失っていたようです」とある。これは世俗化による自己喪失を描いているようである。そしてこの文章の直前には「陽がさんさんと射しこめるなかで」とある。つまり太陽の光を受けて生きるのが人間の本来の姿であって、それは「影」によって知られる事態なのである。ここでの取引は「魂」ではなく、「影」であるところに悪魔の誘惑の本領が発揮されている。悪魔は悪しき霊である。元来は「光の天使」であった悪魔は「堕天使」となって、神の光が射さない暗黒の世界に青年を引きずり込んでいる。だからこの物語は、主人公がそれとは知らずに悪の誘惑に陥っていく有様を描いており、金袋と影との交換条件が示される。影というのは魂ではないし、取るに足りない影に意味があろう筈がない。影なんかは中身もなければ値打ちもない馬鹿げたもののように思われる。ここに悪魔の欺きがある。

レヴィ・ブリュールの『未開社会の思惟』を読んでみると、未開社会の人たちは人の「影」を踏むと、その人は死ぬと信じており、森の開けたところを通過するときには影を踏まれないように警戒している姿が記されている。彼によると「原始的心性は集団表象においては、器物・生物・現象は、我々に理解しがたい仕方により、それ自身であると同時にそれ以外のものでもあり得る」[32]。そうすると影が人間の目には見えない生命現象と融合して表象され得ることになる。わたしたちが考察している「霊」や「霊性」も目には見えない現象である。生命現象でも先にシェーラーが分析したように実験科学の対象になる部分と対象とならない部分とがある。魂も心理学の対象となる部分とそうでない部分とがある。科学を導いているのは理性であり、これは昔から「自然本性の光」（lumen naturale）と呼ばれていた。人間の霊にはこの光が射さない。だからルターは神秘主義の用法を借りてこれを「暗闇」（tenebrae, caligo）と言ったが、「影」（umbra）と言う場合もある。霊は見えないが、光が射すところに「影」として反映している。それは霊の反映といえよう。これが欠けている者は霊性を完全に喪失した人間であり、世俗化の極地ではなかろうか。

したがってシュレミールは、影がないばっかりに世間の冷たい仕打ちに苦しまねばならないという辛い経験をなめることになる。物語の終わりに彼はやがてあの不思議な袋が悪魔がよこしたものであると悟り、魔法の袋を投げ捨て、残ったわずかなお金で古い靴を一足買う。はからずもそれが魔法の七里靴であった。七里靴はシュレミールを楽々とよその大陸へ運んでいく。こうしてシュレミールは魔法の袋という悪魔の奇跡を断念したその瞬間に、あらゆる大陸で大自然の奇跡を探り、研究する可能性が開かれてくる。シャミッソーは主人公を世俗的夢から引き離して、太陽が燦々と輝く世界、実に奇跡に満たされた現実の世界へ導いていく。ここには先に考察したレッシングの奇跡観と等しい思想が窺えるが、違いは太陽がきらめく自然に導くのは理性的な洞察ではなくて、昔話の靴なのである。それゆえ、この物語は昔話による昔話の克服、奇跡による奇跡の克服なのである。(33)

第六節　神を感得する霊性の作用と愛のわざ

現代の世俗化社会において超自然的な経験を回復させる道をこれまでさまざまな方法で探求してきたのであるが、わたしたちは最後に神を感得する霊性そのものの作用について考察することを試みてみたい。今日の世俗化された社会においてもっとも手強い敵は誤った宗教的な無関心であった。先にも触れたようにドストエフスキイの『悪霊』に出ているチホン僧正は無神論よりも無関心の方が手に負えないと嘆いていた。無関心な人は世俗にとっぷり浸かっていて現世に満足しきっている。しかし、それは錯覚に過ぎない。少しでも反省してみれば、そこでの「満足」は物質的な満足（たとえば満腹）のように極めて表相的にして一時的であり、優れた価値感得に伴われる「満足の深さ」がなく、したがって「充実」という高い価値の基準となるものが欠けている。優れた価値はわたしたちの「心情」を深い充実感をもって満たすものでなければならない。

ヨーロッパの思想史において多くの宗教的な思想家が霊性について語っているけれども、シュライアーマッハーが説く「心情の宗教」こそ、心に深い満足を与える宗教経験をわたしたちに伝えている。彼は敬虔主義によって培われた信仰をもって一六世紀のプロテスタント的な信仰をよみがえらせながら、当時支配的であった二つの形態、すなわち厳格なルター派正統主義と啓蒙主義的合理主義に対決した。敬虔主義は個人の宗教経験を強調したが、シュライアーマッハーはこの経験の別名である「感情」（Gefühl）を強調するロマン主義の運動に参加し、さらにカント宗教哲学が強調した理性の限界性に基づいて「宗教の批判」を書き、カントを修正した形でその宗教哲学を完成させている。このように彼は自己の経験に基づきながらも当時の世界観と対決し、それを批判的に総合していった偉大な修正主義者であった。ここに彼の人間学的特質があるといえよう。このような神学は経験的であり、だれにも近づきうる事実から出発するがゆえに、人間学的であるが、具体的な経験から出発するために神の啓示に立って人間学を否定する立場、たとえばカール・バルトの神学とは正反対の性格をもっている。したがってバーガーも「もし新正統主義が宗教思想の出発点を人間的経験よりは神の啓示に求めるとすれば、シュライアーマッハーの帰納論的アプローチはたしかにこの対角線上に対立するものである。両者が並び立つことはない(34)」と述べている。ここで宗教的な経験から出発する立場は、啓示神学が演繹的であるのに対し、「帰納論的」と言われている。そこでシュライアーマッハーがどのような経験をもって宗教思想を形成していったかをここで顧みてみたい。

1　シュライアーマッハーにおける霊性

シュライアーマッハーは青年時代に両親から敬虔主義の影響を受け、その後当時隆盛を極めていたカントとその啓蒙主義の影響を受けたのであるが、それでも敬虔主義の信仰は消えることなく、彼によって宗教は心情という人間存在の深みにおいて捉えられている。このことは『宗教論』（副題「宗教蔑視者中の教養人に寄せる講演」一七九九年）の中で青年時代に宗教的な懐疑に陥ったときのことを回顧した文章に明らかである。

「わたしは人間として人間性の聖なる神秘について自分が考えることを語りたい。それはわたしがまだ青春の激情の中で、未知のものを追い求めていたとき、すでにわたしの内にあったものである。それは、わたしが思索し生活するようになってからも、わたしの存在の最も奥深い内的な動因となったものであり、時代と人類の激動がいかなる仕方でわたしを揺り動かそうとも、それはわたしにとって永遠に最高のものとして留まるであろう[35]」。

しかもこの宗教的な内面の動きは父祖の敬虔主義に由来するものであって、啓蒙思想の洗礼を受けたときにも失われることなく厳に存在していたものである。だからこう言われる。

「宗教はわたしを生んだ母胎であり、その聖なる暗闇の中で私の若き生命は養われ、まだ自分に閉ざされていた世界が準備されていた。わたしの精神はまだ外界のさまざまな印象、すなわち経験や学問を見出す以前にもその中で息づいていたのだ。わたしが父祖から受け継いだ信仰をふるい分け、わたしの心（das Herz）を過去の世界の塵芥から潔めにかかったとき、宗教はわたしに助力を惜しまなかった。疑い深い眼から神や霊魂不滅の思想が消え去ったときも、宗教はなおもわたしのもとに留まり、わたしの生活を導いてこれを活動させ、わたしを教えて徳も欠点ももったままのわたし自身の分割できない存在を聖なるものとして保たせ、しかもただこの宗教によってのみわたしは愛と友情とを学んだのであった。……それゆえ宗教について何事かを語る者は、その何かを何処からか聞いたのではないがゆえに、必ず自らすでにもっていたのでなければならない[36]」。

したがって、啓蒙思想の合理主義によって神や不死といった思想が批判されても、宗教はそのような理念や教えと全く異なる次元に、つまり自己の存在の根底に位置するものであった。その場所は神秘主義の用語をもって「聖なる暗闇」（heiliges Dunkel）とか「人間性の神聖な秘義」（heilige Mysterien der Menschheit）とか呼ばれている。それはまた人間の自己形成と存在にとっての「内的な抗し難い必然」なのである。「わたしが語っているのは、何か理性的な決意に由来するのでも、希望や恐れからでもない。ある終局目的にしたがって行うのでも、何かの気紛れ、偶然の根拠からでもない。それはわたしの本性の抗し難い、内的必然であり、神の呼びかけなのだ。それは宇宙の中でわたしの地位を定めるもの、わたしをしてわたし自身たらしめるものである」[37]。したがって彼の存在の背後には意志を超えた必然的な力が存在し、その呼びかけに応えて宗教体験が生じている。

『宗教論』では宗教の本質（Wesen）は何か、と問われている。それは無限者ないし神の経験であり、あるいはまた絶対的な依存の経験ともいわれる。この種の体験は各人に固有にして直接的な体験であって、概念によって一般化できない、個別的な内的性質のものであり、それは「心情」という固有な領域に求められている。彼は言う、「宗教は、人それぞれの優れた魂の内部から必然的に自ずと湧き出てくるし、それが何の制約も受けずに支配を行う固有な領域は心情の中にある」、また「宗教が存在し働くとき、それは独自な仕方で心情を動かし、一切の活動をして無限を直観するという作用に溶かしこむ」[38]と。このように心情は心の根源的な運動として把握されてはいても、宗教が主観主義的に理解されているわけではない。

2　宗教の本質的な理解

『宗教論』では「宗教の本質は知識でも行為でもなく、直観と感情である」と簡潔に語られている。

したがって、宗教は知識や哲学でもなく、行為や道徳でもない。とくに啓蒙主義者が蔑視するような「幼稚な哲学」でも、カントが説いたように「道徳の付録」でもない。哲学は実在しているものを考察して観念的世界を造りだしている。それに対し宗教は人間が能動的に産出するものを超えたもの、「人間がそれに対し根源的に受動的なものとみずから感じるもの」によって「子どものような受動性で捉えられ、満たされようとする[39]」。

この実在をとらえる働きがシュライアーマッハーにより「直観」(Anschauen)とか「感情」(Gefühl)といわれるものである。この直観は受動的なものであるから、超越的な実在の側からの作用によって生じる。すなわち「あらゆる直観は、直観されるもの〔対象〕の直観するもの〔主観〕への影響から、すなわち直観されるものの本源的にして独立せる行為からでてくる。しかして直観するものは、直観されるものの行為を直観されるものの性質に従って受け取り、総括しかつ会得する[40]」。

また直観は主体における有意義な体験となって生じるので「感情」とも呼ばれている。さらにこの直観の対象はロマン主義の概念によって「宇宙」また、「一者」「全体」「無限者」「永遠の世界」「天上のもの」「世界精神」とも言われる。それは万有に働きかける創造的主体としての神性を意味し、有限なる存在が自己の有限性の自覚によりこの無限者なる神性と合一するところに、宗教は成立する。

このように「宗教が宇宙を直観しようとする」ときの直観の作用は生まれながら備わっている。彼は言う、「人間は生まれながら、いろいろな他の素質をもっているように、宗教的素質をも具えている」と。この宗教的素質は一般には人間の「霊」の作用に求められるが、ヘルンフートの敬虔主義によって育てられたシュライアーマッハーにあっては「心情」(Gemüt)に求められている。彼は啓蒙主義が風靡する時代にあって秘密に満ちた「宇宙」もしくは「神性」の活動を内面的な「心情」において受容し、福音主義の伝統にしたがって新しい神学の基礎をつくりあげた。宗教の根源が心情に置かれることによって、宗教は形式主義や信条主義から解放されたのである。

3 「心情」(Gemüt)の宗教

それゆえ心情がどのように理解されているかを考えてみよう。まずわたしたちは心情の場所的表現が『宗教論』の冒頭部分に示されていることに注目したい。その箇所でシュライアーマッハーは現代の知識人たちが宗教を全くうち捨てて顧みない点を指摘し、宗教を理解する少数者に次のように語りかけている。

「あなたがたは見捨てられた神殿(Tempel)に詣でもしなければ、また神聖なる静寂(heilige Stille)のうちに神性(Gottheit)を崇拝しようともしない。……諸君の信ずるところによれば、人類と祖国、芸術と学問こそ一切を残りなく包摂し、諸君の心情(Gemüte)はこれによって完全に満たされるに至った。したがって諸君を導いてこの世の彼岸に至らしめるかの永遠にして神聖なる存在は、もはやその留まるところを失い、諸君はかかる存在に対する感情(Gefühle)も、またかかる存在とともに在るという感情も、ともにもたなくなっている。すでにこの世の生活が、諸君が望むがままに極めて豊かにかつ多面的なものとなった。それゆえ諸君にはもはや永遠者は不必要となった。諸君は自ら一つの宇宙を創造したから、自己の創造者のことを思う必要がなくなった(11)」。

ここには神秘主義に特有の用語が多く用いられており、心情が超越者に対する感情であるのみならず、神の宿る場所である「神殿」として把握されている。しかもこの心情の場所に永遠者が宿らないで、近代的主観性がそこに座を占めることによって、宗教は世俗化し、自己の世界を自ら創造し、自己の創造者となったがゆえに、かえって自己の真の創造者を喪失している点が指摘されている。しかるにこの心情こそ神が人間に語りかけてくる場所に他ならない。したがって次のように語られている。

「わたしは、宗教がまず心情（das Gemüt）に話しかけてくるその最も内面的な深み（Tiefe）に諸君を導きたい。そしていったい宗教が人間性のいかなる素質から現われるものなのか、それが諸君にとっていかに最高なものであり、最も価値高いものであるかを示したい。わたしは諸君を神殿（Tempel）の尖塔の上に導き、神殿の全体を展望させ、その最も奥深い秘儀を発見させたいのである。……諸君は人間の普通の立場を超越することができ、人間の行為と思惟の根底（Grund seines Tuns und Denkens）を発見せんがために、人間的存在の内面へ至る困難な途を避けようとしないからである(42)」。

ここに宗教的な「心情」は人間存在の「深み」「神殿」「根底」として把握されている。この根底なる心情で起こる出来事は魂と永遠者との婚姻という「神秘的な合一」である。この崇高な瞬間は大転換を引き起こすカイロスとなっている。こうして心情と宇宙とが合一する神秘的な経験は「心情が宇宙に初めて歓迎され抱擁された状態」として語られる。この神秘的な合一は「無限者の有限者との婚姻」とも、「自己の精神生活の誕生日」とも言われる。(43)

このようにして心情において無限者なる神と出会い、その創造の全体が宇宙としてその真実なる相貌において現われ、人がそれに感応するとき、「超越論的な生命の根底」(transzendentaler Lebensgrund)としての内的感情が湧きだし、この感情に支えられて、自己存在、知識、行為、判断などが生まれ、「存在し得るすべてのものは、宗教にとって真実で、不可欠な無限者の形象」となる。それゆえ「敬虔な心情の持ち主にとっては、宗教はすべてのものを、神聖でないもの、卑俗なものさえも神聖にし、価値あるものにする」。ここには敬虔主義的な心情が表明されているが、それを誤って心理学的な主観主義と解釈されてはならない。シュライアーマッハーの説く心情は、神や神性が現臨する場所であって、そこでは神の啓示を受容する作用として理解されている。

このような宗教的な「心情」はドイツ神秘主義の伝統においては「魂の根底」と同義であり、「根底」はルターによって「霊」もしくは「霊性」に置き換えられている。(44) さらにこの「霊」はルターにおいては「信仰」と同一視されており、彼の信仰義認の教説と矛盾しないだけでなく、義認を支える経験として積極的に語られていたのである。(45) このような主張はルター以後に形成されたルター派教会の正統主義から見ると、確かに異端とも言える見解かも知れない。しかし信仰はそれを告白する共同体において生きているものであり、社会学的に見ても信仰共同体は多様であるがゆえに、すべてを同じ教義体系に閉じ込めることは不可能である。しかも、世俗化した現代社会では選択の自由、多元主義、個別主義が行き渡っているので、宗教形態の多様性は宗教の中心的な経験に由来する当然の帰結となっている。シュライアーマッハーが当時盛んに説かれていた人類共通の普遍的「自然宗教」という啓蒙主義の主張を単なる抽象物に過ぎず、経験的にみて妥当性を欠いていると批判するのも当然である。したがって彼によると歴史において具体的に成立した実定的宗教は、それぞれの宗教経験に即して経験という源泉から考察すべきである。このようにして「すべてこの冷たい灰もかつては内なる焔の白熱的湧出だった」ことを再認識することができる。ここから彼は『宗教論』の最終講において諸々の「実定的宗教」に対立してなぜキリスト教を選ぶべきかという問題をも躊躇うことなく探求している。それは同時に諸宗教における霊性の比較考察をも可能にするのであって、神や聖なるもの、永遠者や絶対者また超自然的なものが霊性によって豊かに表現されていることの現象学的考察となるであろう。

4　愛のわざ

これまで語ってきた「霊性」の作用は超越的な存在や永遠者を捉える働きをもっているだけでなく、

さらに優れた「愛のわざ」を生み出している。パウロがコリントの信徒への第二の手紙で「霊的な賜物」について論じたところで、「知恵・知識・信仰・癒し・奇跡・預言・異言」について述べてから「もっと大きな賜物」また「最高の道」として「愛のわざ」について詳しく語っている〔第一三章参照〕。これについて紹介することはここではできないが、「愛は自分の利益を求めない」〔五節〕点についてだけ注目したい。というのはキリスト教の霊性の特質は実にこの愛のわざに求めることができるからである。

このことをいっそう明らかにするためにルターの『キリスト者の自由』を参照してみたい。この作品の冒頭で彼はキリスト者を相対立する二命題でもって規定する。第一命題は「キリスト者はすべての者の上に立つ自由な主人であり、だれにも従属しない」というものである。第二命題は「キリスト者はすべての者に奉仕する僕〔つまり奴隷〕であり、だれにも従属する」である。[46]二つの命題により「自由な主人」と「奉仕する僕」との矛盾した存在を同時にキリスト者は生きていることが示されている。ルターはこの矛盾を内的な信仰と外的な愛のわざとに分けて論じてゆき、この書物の終わりのところで、キリスト者は信仰により神から自由を授けられており、もはや「自己自身において生きるのではなく、キリストと自己の隣人とにおいて、すなわちキリストにおいては信仰を通して、隣人においては愛を通して生きる」[47]と説いている。こうしてキリスト教的な自由とは結局「自己自身において生きない」(lebt nit ynn yhm selb) ような「自己からの自由」と考えられ、これなしには「信仰」も「愛」もなく、ただ自己主張のみがすべてを支配することになる。

したがってパウロの言葉「自分の利益を求めない」という愛はルターによって『自己のために生きない』と語られている。わたしたちはここで近代的な主体性が自己主張欲に変質したことによって肯定的な世俗化が否定的な世俗主義に変貌し、宗教を社会から締め出す世俗化現象を引き起こしたことを想起すべきである。

だが、宗教をも自己のために利用している人間があるかも知れない。こうした宗教的な社会での堕落は絶えず起こっている事態である。これはベルナールのいう「貪欲の愛」に他ならない[18]。それゆえ、ルターのいう「自己からの自由」を授けられた人は、神のために生きていると、あえて主張しようとはしない。というのはルターによると神は人から善いわざを自分に捧げてもらいたいと願っていないからである。自分のために何かをしてくれるように願うほど神は貧弱な存在ではない。こうして自分のためにも神のためにも生きないとしたら、すべてをあげて隣人のために生きざるを得ない。この他者への奉仕にこそ霊的な信仰の本質がよく示されている。しかも世俗の唯中にあって直接他者に奉仕するわざが霊性による積極的なわざである。

ルターは真の自由をこのような自己中心的な罪の主体からの解放とみて、「もはや自己のために生きない」と先に語ったのである。信仰はこのような自己を解放し、自己を超えて高く飛翔し、神にまで昇り、さらにそこから愛に基づいて下降し、隣人のあいだに立って働くため、キリスト者は他者との共同の生を志す実践的主体となっている。こういう自由を彼は「あたかも天が高く地を超えているように、高くあらゆる他の自由に優っている自由[49]」と呼んでいる。

それは力の満ちあふれた愛となって働いている。この自由の高みから愛の低さに降りてゆく落差こそ信仰の燃えるエネルギーであり、ここに新しい倫理的形成力が与えられている。この霊的な新しい倫理は現代の世俗化社会ではどのように展開できるのであろうか。

そこで政治倫理を例にして考えてみよう。キリスト教は今日では政教分離の立場に基づいて直接政治に関与しない[50]。政教分離政策によって宗教と政治とは、建前では分離していても、実際は密通している場合が多い。それゆえ、キリスト者は政教分離の原則に立ちながら、現行の政治に対し、特に宗教政策に対し鋭い批判を向け、常に政治家の姿勢を正さなければならない。また、キリスト教自体が政治的プログラムを掲げたり、綱領を立てて、自ら政治的イデオロギーとなることは、政教分離の原則からして退けられなければならない。とくに国家と社会の絶対化（神話化と物神化）に対して批判しなければならない[51]。キリスト教は自らを神話化し、神々の闘争に連座したりしない。むしろ唯一神の支配下に神々をおいて、政治神話の非神話化によってその実体を暴き、あらゆる形態のユートピア主義の幻想に反対し、政治をこの世の相対性に連れもどそうとする。ここに理性と感性を秩序づける霊性の政治倫理的な課題がある。

社会に対し積極的に関与していく霊性倫理（愛のわざ）は次のような批判的連帯の行動原則を生み

出している。福音の力に促され、献身的な愛に生きるキリスト者は社会に対し根本的には「奉仕」の姿勢をとり、人間の福祉と世界平和および人間疎外の克服に向けて献身することが奉仕の目的であり、連帯のわざの目ざすところである。そのさい政教分離の原則により社会の中心に教会を立てることを断念し、むしろ社会に対しては伴侶として連帯することを志している。とはいえ、社会の中に埋没するのでも、福音を放棄するのでもなく、批判しながら共に生きようとする。これが「批判的連帯」（H・D・ヴェントラント）の精神である。ミュラーはこれについて次のように語っている。

「この概念は二つのことを含んでいる。すなわち、まず第一に、教会は、社会に対する積極的態度によって、教会のメンバーが自分もまたこの社会の構成員であることを自覚し、社会のすべての問題と重荷に全面的に関わっていることを証明しなければならない。それと同時に第二に、教会は、すべての人間行動が、社会の領域における活動を含めて、人間の罪と疎外とにさらされ、歪曲と倒錯によって脅かされているという事実を十分に知っていなければならない[52]」。

このような二面性によって「批判的連帯」は実行に移されなければならない。これはキリスト教の社会的実践にとり一つの指針を与える生き方である。しかも社会の内部から新しい秩序を形成し、組織の内側から組織や制度の人間化に努め、下からの奉仕により、社会を再形成することを試みる方法は、体制内改革をこえた革新的な歩みとなっている。しかも、職場にあって各自が専門的知識に基づいて連帯を達成するのであるから、これによりプロテスタントの万人祭司制を刷新した新しい行動指針が与えられるであろう。

このようにしてわたしたちは宗教改革時代に起こった世俗化の肯定的な意義を確認し、キリスト教の霊性に目覚め、喜びをもって愛のわざに励むならば、現代の世俗化社会のもっている人間の危機を克服する希望をもつことができる。大切なのは社会に対しいっそう積極的に関与する愛の精神なのである。

注

(1) ドーソン『キリスト教文化の歴史的現実』(前出第四章) 八六頁。
(2) 本書第二章一三一—三七頁参照。
(3) ハイデガー『存在と時間』三五—九節参照。
(4) 金子晴勇『マックス・シェーラーの人間学』創文社、一二一—三頁参照。
(5) バーガー『異端の時代』(前出序論) 六頁参照。
(6) ハーバーマス『イデオロギーとしての技術と学問』長谷川宏・北原章子訳、紀伊国屋書店、六一—二頁。
(7) バーガー『天使のうわさ』ヨルダン社、一〇七頁。
(8) バーガー前掲訳書、一一〇—一一頁。
(9) バーガー前掲訳書、一一四—一五頁。「母親は（そして、多くの場合、母親のみが）、そのような混沌状態を消し取る力をもち、世界の恵み深い形態を回復できるのである。そして、もちろん、よい母親ならば、誰でもそうするのである。母親は子どもをだいて、われわれにとっては、聖母である偉大なる母の永遠のジェスチャーによって、揺りかごに入れるのである。母親は、おそらくあかりをつけて、安心をもたらす光の暖かい輝きで、子どものまわりを照らすだろう。そして、子どもに話しかけるか、歌をうたってやるだろう。母親のコミュニケーションの内容は、誰の場合でも同じである……〈こわがらなくてもいいのよ、ちゃんとなっているから、みんな大丈夫よ〉。すべてがうまくゆけば、泣いた子どもは安心し、子どもの現実に対する信頼は回復され、そして、この信頼のゆえに再び夜のねむりに入るのである」。

(10) バーガー前掲訳書、一二二―一二三頁。これに続けて次のように語られている。「この光景を見た大人たちも、皆苦しみと死を意識している筈の人たちだろうが、しばらくの間は、この幸福に輝く免疫状態の中に引きずりこまれたことであろう」。

(11) ルター『生と死について――詩編九〇編講解』金子晴勇訳、創文社、二〇頁参照。

(12) バーガー前掲訳書、一三一頁。「人間の死に対する〈否〉は――それが自分自身が消されることへの苦悩に満ちた恐怖であろうと、愛する者の死に対する道徳的怒りであろうと、死に挑戦する勇敢なる行動と自己犠牲であろうと――人間存在の本質的要素であるように思える。われわれの人間性の一番中心には、死を拒絶する希望があるように思える。経験的理性は、この希望が幻想であることを示しているが、われわれの中には――理性万能の時代に、それがどんなに恥ずかしいことであれ――たとえ経験的理性がどんなにもっともらしい説明を与えてくれるにしても、それに対してどこまでも〈否〉を言い続けさせる何物かが存在する」。

(13) バーガー前掲訳書、一三一頁。
(14) マルセル『希望の現象学と形而上学に関する草案』山崎訳（佐古純一郎編『現代の信仰』平凡社）、二七七頁参照。
(15) バーガー前掲訳書、一四七―四九頁。
(16) 詳しくは金子晴勇『マックス・シェーラーの人間学』創文社、五八―七三頁参照。
(17) M. Luther, WA. 7, 550, 28-551, 9.
(18) トレモンタン『ヘブル思想の特質』西村俊昭訳、創文社、一七九頁。
(19) 金子晴勇『ルターとドイツ神秘主義』創文社、一二一―七頁参照。
(20) 金子晴勇前掲書、一八〇―九六頁参照。
(21) カント『人倫の形而上学の基礎づけ』野田又夫訳、中央公論社、「世界の名著」二八六頁。
(22) カント『宗教論』飯島・宇都宮訳、理想社、「カント全集」第九巻、一四三頁。
(23) ブーバー『かくれた神』三谷・山本訳、みすず書房、「ブーバー著作集」第五巻、三三一頁。
(24) リューティ『昔話の本質』野村浩訳、ちくま学芸文庫、二一三頁。
(25) ウイーゼ『レッシング』六七頁（安酸敏眞『レッシングとドイツ啓蒙』創文社、一九〇頁および一九六―九七頁参照）。
(26) レッシング『賢者ナータン』篠田英雄訳、岩波文庫、一七―九頁。
(27) レッシング前掲訳書、二四―五頁。
(28) リューティ前掲訳書、二二二頁。
(29) リューティ前掲訳書、二二三頁。

(30) リューティ前掲訳書、二二三―二二四頁からの引用。
(31) シャミッソー『影をなくした男』池内紀訳、一九―二〇頁。
(32) レヴィ・ブリュール『未開社会の思惟』九四頁。
(33) リューティ前掲訳書、二三五参照。
(34) バーガー『異端の時代』(前出) 一七六頁参照。
(35) Schleiermacher, Über die Religion. Reden an die Gebildeten unter ihren Veraechtern, 1799, Philo. Bibl. Nr. 255, 1870, S. 3. (シュライエルマッハー『宗教論』佐野・石井訳、岩波文庫参照)
(36) Schleiermacher, op. cit., S. 8-9.
(37) Schleiermacher, op. cit., S. 3.
(38) Schleiermacher, op. cit., S. 20;14.
(39) Schleiermacher, op. cit., S. 29-30.
(40) Schleiermacher, op. cit., S. 31.
(41) Schleiermacher, op. cit., S. 1.
(42) Schleiermacher, op. cit., S. 11.
(43) Schleiermacher, op. cit., S. 149.
(44) 金子晴勇前掲書、四八〇―八二頁参照。
(45) くわしくは金子晴勇、前掲書、一八〇―九六頁を参照されたい。
(46) M. Luther, WA. 7, 38, 6-8.
(47) M. Luther, op. cit. 21, 1-4.

(48) ベルナールは愛の四段階を説いて、「自己のために自己自身を愛する自己愛」・「自己のために神を愛する貪欲の愛」・「神のために神を愛する友情の愛」・「ただ神のために自己を愛する真の自己愛」を区別している。詳しくは金子晴勇『愛の秩序の思想史的研究』岡山大学文学部研究叢書、五、一九九〇年、九〇—九一頁参照。

(49) M. Luther, op. cit., 38, 9.

(50) イエスも「カイザルのものはカイザルに、神のものは神に返しなさい」（ルカ二〇・二五）と語り、「わたしの国はこの世のものではない」（ヨハネ一八・三六）と宣言して、政教分離の立場を鮮明にかかげている。事実、イエスはダビデ・ソロモン王国の復興を願う政治的な栄光のメシヤたることを拒絶している。

(51) ここでいう「物神化」（fetishism）とは、ある物体や存在に霊力が宿っているとみなして崇拝し、それにより災いを免れようとする呪物崇拝のことで、マルクスが『資本論』の「商品の物神化」でこれを述べて以来、一般に用いられてきている。なかでも国家は太古以来神話によりその起源を物語り、永遠の支配を確保するために、物神化に努めてきている。このことは古代神話に見られるのみならず、「二十世紀の神話」（ローゼンベルク）においても現存している。現代における政治権力の疑似宗教化はナチス・ドイツの第三帝国で典型的に示され、ヒトラー総統は「救い主」として君臨し、その著作『わが闘争』は「正典」となって、異端を「審判」し、「選民」ゲルマン民族の栄光のためにユダヤ民族の絶滅を「最後審判」として執行する。この物神化は社会や階級にも生じている。社会が自分の要求や原理また目標を「究極のもの」とみて、「究極以前」（ボンヘッファー）と見ない場合に、自己神化という形で物神化が生じる。政治神話は今日至るところで生じ、疑似宗教的な政治体系に対する信仰が高まっている。日本の靖国問題も政治の神話化の兆しといえよう。民族、人種、階級などはたやすく物神化され、神々として君臨し、世界は神々の闘争場裏と化している。

(52) ミュラー『現代キリスト教倫理』宮田光雄・河島幸夫訳、YMCA出版、八二頁。さらに宮田光雄『政治と宗教倫理』岩波書店、一〇三―五頁参照。

あとがき

ヨーロッパのことわざに「歴史を知らない者は歴史を繰り返す」という言葉がある。少し前にドイツの大統領ヴァイツゼカーが「荒野の四〇年」という講演で、「過去に目を閉ざす者は結局のところ現在にも目を閉ざす」と語って、日本でも「歴史の想起」に関して話題になったことがあった。ところが、今日人々には、生きていくのに過去を振り返る余裕がない。ましてや科学技術革命の時代に過去のヨーロッパ文化を知る必要がどこにあるのか、と考えているかも知れない。しかし、文化は人々の心の深みに重層的に刻み込まれていて、その歴史の跡を残しているのではなかろうか。このことは記憶の不思議な現象に目を向けるとおのずからわかるであろう。たとえば、子供時代の経験は記憶の古い層に沈殿していて、歳を経てにわかに浮かび上がってくることがしばしばある。この記憶の古層が文化ともなると国民の深層意識にひそんでいて、何かのきっかけでもっていつ記憶の表面に浮かび上がって来ないともいえない。わたしたち自身の存在の深層にあるこの事実を人は無視したり、無関心を装ったりしてよいのであろうか。

近代に入ってからキリスト教が世俗化の一途を辿ってきた歴史はヨーロッパ文化が直面している大きな問題であって、今日多くの研究がこれに向けられるようになってきた。わたし自身がヨーロッパ思想史を研究しながらこの「世俗化」問題に関心をそそられたのは、マックス・ヴェーバーの『プロテスタンティズムの倫理と資本主義の精神』を学生時代に読んだときにまで遡ることができる。この書の前半は資本主義と宗教的なエートスの関係を論じているが、後半は宗教の世俗化を扱っている。また、先に触れたヴァイツゼカー大統領の兄弟である同名著者の『科学の射程』を二〇年前に翻訳したとき、世俗化が科学哲学の観点からもいかに重要な意味をもっているかを学び、この問題に益々関心が向けられるようになった。

大学で「ヨーロッパ文化概論」という講義を担当して久しくなり、これを一書にまとめて刊行したのが、わたしの『ヨーロッパの思想文化』（教文館、一九九九年）であるが、それを執筆している間に、「世俗化」の章を付け加えざるを得なくなった。この部分は急に書き加えられたので、簡単なスケッチの域をでなかった。そこでこれを加筆修正すると同時に世俗化現象の宗教社会学的研究、神学的研究、諸科学（歴史学・思想史・科学史・人間学）における研究を概観しながら、再度この問題に取り組むことになった。この研究を扱った部分（第二章―第四章）は読者に世俗化問題をともに考えてもらいたいと願って多くの資料とテキストを引用しておいた。そして最終章でわたし自身の考えを述べた。こうして長年の懸案となっていたこの問題に今回集中的に関わり、未熟ながらも一応の問題提起とその人間学的な考察をすることができたことを喜びとしたい。

出版にさいしては聖学院大学出版会の山本俊明氏に大変お世話になった。同氏はわたしの原稿を読んで批判的なご意見を賜ったばかりか、世俗化に関する多くの文献をも貸与して下さった。それに援けられて出版にまで至ることができたことを感謝している。

二〇〇一年三月一〇日

金子晴勇

クロムウェルとイギリス革命

田村秀夫 編著

ピューリタン革命の立役者、オリヴァ・クロムウェルを、本書では、序章「クロムウェル研究史」（田村秀夫）、第1部「クロムウェルの宗教」、第2部「クロムウェルと政治」、第3部「クロムウェルと国際関係」という多角的な視点から論ずる。

A5判上製本体五六〇〇円

オリヴァー・クロムウェル

神の道具として生きる

澁谷浩 著

ピューリタン革命の中心にいたクロムウェルの信仰に裏付けられた議会での発言や画期的な軍政改革、めまぐるしく変化する政治情勢の中での行動と思考を追う書き下ろし評伝。

四六判並製本体一九四二円

イギリス革命とアルミニウス主義

山田園子 著

イギリス革命期の急進的聖職者ジョン・グッドウィンは「しょく罪されたしょく罪」によって、カルヴァンの運命論的な二重予定説を批判したが、その思想の中核にあった十六世紀オランダのアルミニウスの教説を詳説し、それがイギリス革命に及ぼした影響を明らかにする。

A5版上製本体五八〇〇円

デモクラシーにおける討論の生誕

ピューリタン革命におけるパトニー討論

大澤麦
澁谷浩 編訳

ピューリタン革命の最中、国王を逮捕した革命軍が今後の方針を討議するためにパトニーで総評議会を開催した。議長はオリヴァ・クロムウェルがつとめ、新しい政治体制を主張するレヴェラーズと激しい議論を進めた。この討論にこそ「討論」を通してお互いの違いを理解しあい、共通の目的を発見することを目指す、近代デモクラシー思想の源泉があった。本書は、「パトニー討論」の翻訳と訳者注記と解説を付し、この討論の政治思想史における意義を解明する。

A5版上製本体五八〇〇円

ニコラウス・クザーヌス

渡邉守道著

一五世紀の最も独創的な思想家、哲学者、神学者ニコラウス・クザーヌスについての著者三〇年間におよぶ研究をもとに書き下ろした研究書。クザーヌスの政治社会思想、公会議と教会改革、それに著者の最も力をいれた現代政治思想に対するクザーヌスの貢献を力説する。

A5判上製本体五六〇〇円

トレルチとドイツ文化プロテスタンティズム

フリードリヒ・ヴィルヘルム・グラーフ著
深井智朗
安酸敏眞 編訳

マックス・ヴェーバーと並び、一九世紀から二〇世紀にかけてのドイツの文化科学、とくに歴史学、また神学思想において大きな足跡を残した、エルンスト・トレルチの思想を、文化史の観点から再評価し、現代における意義を論ずる意欲的な論考。

A5判上製本体四〇〇〇円

歴史と探求

レッシング・トレルチ・ニーバー

安酸敏眞著

中間時における真理の多形性をとく「真理の愛好者」レッシング、「徹底的歴史性」の立場でキリスト教的真理の普遍妥当性と格闘したトレルチ、歴史の有意味性を弁証しつづけたニーバーのそれぞれの思想的連関を考察し、著者の神学的・宗教哲学的立場から偶然的な歴史的真理と必然的な規範的真理の関係性を明らかにする。

A5判上製本体五〇〇〇円

光の子と闇の子
デモクラシーの批判と擁護

ラインホールド・ニーバー著
武田清子訳

政治・経済の領域で諸権力が相剋する歴史的現実の中で、自由と正義を確立するためにはいかなる指導原理が必要か。キリスト教的人間観に基づくデモクラシー原理を明確にする。

四六判上製本体二一三六円

ラインホールド・ニーバーの歴史神学

高橋義文著

ニーバー神学の形成背景・諸相・特質を丹念に追い、独特の表現に彩られる彼の思想の全貌を捉えながら帰納的に「歴史神学としてのニーバー神学」の特質を解明する気鋭の書下ろし。

四六判上製本体四二七二円

単税太郎C・E・ガルスト
明治期社会運動の先駆者

工藤英一著

宣教師C・E・ガルストは、秋田への伝道を通して、農村地域の貧困を知り土地単税論を主張。みずから単税太郎をなのり、日本の社会運動家と交流し、多くの影響を与えた。

四六判上製本体二三三〇円

歴史としての啓示

W・パネンベルク編著
大木英夫
近藤勝彦 ほか訳

神の啓示を客観的な歴史的事実の中に見ようとする「歴史の神学」の立場を明確にした論争の書。歴史の流れにおける神の働きを考察し終末論的希望をイエスの復活に根拠付ける。

四六判上製本体三一〇七円

キリスト教社会倫理

W・パネンベルク著
大木英夫・近藤勝彦監訳

われわれは、文化や社会の問題を倫理的諸問題を、その根底から再考しなければならない時代に生きている。本書はその課題に神学からの一つの強力な寄与を提示する（あとがきより）。

四六判上製本体二五二四円

ユルゲン・モルトマン研究

組織神学研究第一号

組織神学研究会編

モルトマンは、終末論に基づいた『希望の神学』等で知られるテュービンゲン大学教授。本書は、組織神学研究会の過去一年間の研究成果をまとめた論文集である。バルトとモルトマン／三位一体論、とくに聖霊論の対比／死者の居場所をめぐってなど所収。

A5判並製本体二〇〇〇円

パウル・ティリッヒ研究

組織神学研究所編

二十世紀の思想、美術などに大きな影響を与えたアメリカを代表する神学者、パウル・ティリッヒの思想を現代世界・日本の状況の中で、主体的に受けとめ、新しい神学を構築しようとする意欲的な論文集。

A5判上製本体三八〇〇円

パウル・ティリッヒ研究2

組織神学研究所編

現代世界におけるキリスト教の意味を最も体系的に思索したパウル・ティリッヒの主著『組織神学』をその背後にある哲学・思想を明らかにしながら批判的に捉え直す。

A5判上製本体三八〇〇円

政治神学再考

プロテスタンティズムの課題としての政治神学

深井智朗著

「政治神学」の定義は無数にあるが、本書は「宗教と国家の関係」という視点からの「政治神学類型論」を試みている。いわゆるコンスタンティヌス体制における宗教と国家との関係における政治神学をタイプAとし、それに対してアングロサクソン世界に展開したプロテスタンティズムの政治神学をタイプBとして、後者のコンテクストで日本における「宗教と国家との関係」の考察を試みている。四六判上製本体二六〇〇円

◆著者紹介

金子晴勇（かねこ・はるお）

1932年，静岡県に生まれる

1962年，京都大学大学院文学研究科博士課程修了

現在　聖学院大学教授。文学博士（京都大学）

主要著書　『ルターの人間学』，『アウグスティヌスの人間学』，『恥と良心』，『キリスト教倫理入門』，『近代自由思想の源流』，『マックス・シェーラーの人間学』ほか

訳書　ルター『生と死について——詩篇90篇講解』，アウグスティヌス『ペラギウス派駁論集(1)，(2)，(3)』，『ドナティスト駁論集』，『ヨハネによる福音書講解説教(2)』ほか

近代人の宿命とキリスト教——世俗化の人間学的考察

2001年10月26日　初版第1刷発行

著　者　金　子　晴　勇

発行者　大　木　英　夫

〒362-8585 埼玉県上尾市戸崎1－1

発行所　聖学院大学出版会

電　話　048-725-9801 FAX 048(725)0324

E-mail:press@seigakuin-univ.ac.jp

慶昌堂印刷

ISBN4-915832-46-5　C3016

事項索引

あ

か

さ

た

な

は

ま

や

人名索引

ナ

ハ

マ

ヤ

ラ